国家出版基金项目
NATIONAL PUBLICATION FOUNDATION

新时代社会主义核心价值体系研究丛书

总主编 韩 震

强国有我

社会主义核心价值观
与青少年价值认同

吴玉军 等 著

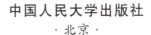

中国人民大学出版社

· 北京 ·

图书在版编目（CIP）数据

强国有我：社会主义核心价值观与青少年价值认同 /
吴玉军等著 . -- 北京：中国人民大学出版社，2024.7.
（新时代社会主义核心价值体系研究丛书 / 韩震总主编）.
ISBN 978-7-300-33008-2

Ⅰ. D616；D432.62

中国国家版本馆 CIP 数据核字第 2024GB7194 号

国家出版基金项目

新时代社会主义核心价值体系研究丛书

总主编　韩　震

强国有我：社会主义核心价值观与青少年价值认同

吴玉军　等　著

Qiangguo Youwo：Shehui Zhuyi Hexin Jiazhiguan yu Qingshaonian Jiazhi Rentong

出版发行	中国人民大学出版社				
社　　址	北京中关村大街 31 号		**邮政编码**	100080	
电　　话	010 - 62511242（总编室）		010 - 62511770（质管部）		
	010 - 82501766（邮购部）		010 - 62514148（门市部）		
	010 - 62515195（发行公司）		010 - 62515275（盗版举报）		
网　　址	http://www.crup.com.cn				
经　　销	新华书店				
印　　刷	涿州市星河印刷有限公司				
开　　本	720 mm×1000 mm　1/16		**版　　次**	2024 年 7 月第 1 版	
印　　张	15.25 插页 1		**印　　次**	2024 年 7 月第 1 次印刷	
字　　数	155 000		**定　　价**	62.00 元	

总　序

自党的十八大报告提出关于社会主义核心价值观的"三个倡导"以来，我国在培育和弘扬社会主义核心价值观方面取得了很大成绩。这首先表现在有关理论的构建与阐发方面，譬如，通过一系列理论阐释，明确了社会主义核心价值观的基本内容、结构和层次，对价值观的内涵进行了具有时代性、民族性的科学阐发，从而构建了比较完整的社会主义核心价值体系。另外，我们提出了全人类共同价值，破解了西方所谓"普世价值"的魔咒，让中国获得了处理国际关系的道德制高点和话语力量。正因为在理论研究和阐释方面取得的可喜成果，党的二十大提出今后努力的方向是"广泛践行社会主义核心价值观"。也就是说，今后的工作主要是在方方面面践行社会主义核心价值观。价值观的意义就在于自觉信仰和日常践行。

其次，宣传教育领域在培育和弘扬社会主义核心价值观方面发挥了极为重要的作用：一是在全国范围内，"社会主义核心价值观广泛传播"，上上下下有关社会主义核心价值观的宣传和学习强度、影响广度及理解深度都是空前的，社会主义核心价值观已经深入人心；二是社会主义核心价值观融入国民教育全过程，在培养德智体美劳全面发展的社会主义建设者和接班人方面充分发挥了引领作用，社会主义核心价值观已经全面系统深入地融入大中小学的教材，进入各级各类学校课堂，进入广大学生的头脑。

最后，更为重要的是，培育和弘扬社会主义核心价值观在实践方面取得了很大成效。一是通过与群众活动相结合，把抽象的价值观念与具体的生活世界联系起来，让大道理落细、落小、落实，创新弘扬价值观的载体，让人们在日常践行中弘扬社会主义核心价值观；二是把社会主义核心价值观与道德建设结合起来，不仅让价值观落地找到最切实的载体，而且深刻体现了道德规范的时代性要求，如在《新时代公民道德建设实施纲要》中，社会主义核心价值观的引领明显提升了公民道德建设的政治站位，拓展了公民道德建设的历史视野；三是将社会主义核心价值观融入经济制度、政治规范、社会政策、文化建设和生态文明建设之中，让社会主义核心价值观机制化，使价值理想熔铸成现实的历史进程；四是逐渐将社会主义核心价值观入法入规，从而使价值观的软要求变成社会的硬约束；五是在培育和践行社会主义核心价值观方面，抓住关键少数，要求党员领导干部、社会公众人物在弘扬和践行社会主义核心价值观方面起模范带头作用，从而使社会风气得到明显改观。

这些成效的取得，主要有两方面的原因。一方面，我们所倡导的社会主义核心价值观是建立在社会主义核心价值体系的基础之上的，这为培育和弘扬社会主义核心价值观奠定了哲学基础、社会主义性质和中华价值传统的理论框架。我们倡导的社会主义核心价值观，是在马克思主

义的世界观和方法论指导下开展的。根据唯物史观，我们认为价值观是
以一定的社会生产关系为基础的，也必然伴随着社会发展而发展或升
华。社会主义核心价值体系规定了社会主义核心价值观的社会主义性
质。我们在谈自由、民主、平等等价值概念的时候，是完全超越西方资
本主义社会所理解的那种抽象范畴的。另一方面，有中华优秀传统文化
作为深厚的历史根基。作为注重伦理道德的民族，中华民族悠久灿烂的
文化成为涵养社会主义核心价值观的宝贵资源，文化自信有力支撑了中
国人民的价值观自信。

这些经验给我们今后深入研究和广泛践行社会主义核心价值观提供
了坚实的新起点。正因如此，习近平总书记在党的二十大报告中明确指
出："我们要坚持马克思主义在意识形态领域指导地位的根本制度，坚
持为人民服务、为社会主义服务，坚持百花齐放、百家争鸣，坚持创造
性转化、创新性发展，以社会主义核心价值观为引领，发展社会主义先
进文化，弘扬革命文化，传承中华优秀传统文化，满足人民日益增长的
精神文化需求，巩固全党全国各族人民团结奋斗的共同思想基础，不断
提升国家文化软实力和中华文化影响力。"这为我们深入研究和广泛践
行社会主义核心价值观提供了根本遵循。

中华民族伟大复兴进入关键时期。一方面，我国的发展已经站在新
的历史起点上，社会主要矛盾发生了历史性变化，人民对美好生活有了
新期待。另一方面，世界百年未有之大变局加速演进，国际力量对比正
经历深刻调整，世界进入新的动荡变革期，我国发展的国际环境不断出
现新矛盾和新挑战。我们既有比过去有利的发展基础和条件，也面临许

多前所未有的困难和问题，战略机遇和风险挑战并存，不确定性和难预料的因素明显增多。所有这些都需要我们进一步研究、阐释、传播社会主义核心价值观，用社会主义核心价值观凝聚人心、汇聚民力。呈现给读者的这套书，力求在党的十八大以来关于社会主义核心价值观研究成果的基础上有所推进、有所深入、有所拓展，为深入研究、阐释和传播社会主义核心价值观尽我们的绵薄之力。

当然，限于学识和理论水平，可能力有不逮，甚至有不少错谬之处，敬请广大读者批评指正。

韩 震

2023 年 9 月 1 日

于北京师范大学哲学思维与发展战略研究中心

目　录

第一章

全面建成社会主义现代化强国的精神指引

党的二十大报告提出："从现在起，中国共产党的中心任务就是团结带领全国各族人民全面建成社会主义现代化强国、实现第二个百年奋斗目标，以中国式现代化全面推进中华民族伟大复兴。"① 全面建成社会主义现代化强国，必须坚持中国特色社会主义文化发展道路，增强文化自信，建设社会主义文化强国，筑牢中华民族的精神根基。社会主义核心价值观是凝聚人心、汇聚民力的强大力量。树立文化自信，必须坚持用社会主义核心价值观引领社会思潮，在全党全社会形成统一指导思想、共同理想信念、强大精神力量、基本道德规范。

 第一节

社会主义核心价值观的功能

价值观是文化的灵魂，是影响人们思想取向和行为选择的决定性因素。价值观的功能和作用，是任何法律和制度所达不到的。一个国家由一系列主要价值观念构成的思想理论和道德规范体系，是维系国家团结、统一、稳定的核心元素。历史和现实充分表明，核心价值观是维系国家统一稳定的关键要素，一个国家只有建构起稳定持久、代表历史发

---

① 习近平.高举中国特色社会主义伟大旗帜 为全面建设社会主义现代化国家而团结奋斗：在中国共产党第二十次全国代表大会上的报告.北京：人民出版社，2022：21.

展趋势，为国民所认可的核心价值观，才能充分激发人们的爱国热情，增强国家的凝聚力和向心力，同时也才能赢得世界上其他国家的人们的尊重。社会主义核心价值观凝聚了不同层面的价值认识，是当前我国社会价值观的"最大公约数"，能够引领多样化社会思想意识，激发广大人民投身改革开放事业实现中国梦的积极性、主动性和创造性，对于促进经济持续健康发展、保持社会和谐稳定、实现中华民族伟大复兴、全面建成社会主义现代化强国发挥着重要作用。

一、社会主义制度的本质规定

制度与价值观是相互依存的。一方面，价值观是制度的灵魂。任何制度都是以一定的价值取向为基础形成的，都是在一定的价值观的指导下确立的，制度设计和制度安排总是体现着一定的价值观，价值观构成了制度的内在精神和品质。社会制度如果没有价值观的导引和支撑，将成为没有灵魂的躯壳。另一方面，制度是价值观的载体。制度一旦形成，对人的价值判断起引导和规范作用，对社会核心价值观建设提供保障和支持。价值观如果没有与之相适应的社会制度予以保证，将难以延续和发展。

核心价值观是一定社会形态、社会性质的集中体现，决定着一个社会的制度安排和制度运行，是社会系统得以运转、社会秩序得以维持的基本依托。社会主义核心价值观是马克思主义价值理论和中国特色社会主义实践相结合的产物，是社会主义制度在精神层面和价值层面的本质规定。社会主义核心价值观熔铸着我们党的政治主张，体现着社会主义的奋斗目标，凝结着中华民族的道德准则，反映着全体人民的精神追求。它指导着社会主义的制度设计和社会运动，渗透于经济、政治、文化、社会各个方面，决定着社会主义的发展模式、制度体制和目标任务，在所有社会主义价值目标中处于统摄和支配地位。中国特色社会主义坚持党的领导、人民当家作主和依法治国的有机统一，坚持和完善人民代表大会制度、中国共产党领导的多党合作和政治协商制度、民族区域自治制度以及基层群众自治制度；坚持和完善公有制为主体、多种所有制经济共同发展，按劳分配为主体、多种分配方式并存，社会主义市场经济体制等社会主义基本经济制度。中国特色社会主义根本制度、基本制度和具体制度，是社会主义核心价值观的制度凝结，是社会主义核心价值观的外在表现形式。社会主义核心价值观反映这些制度的需要，为这些制度的健全和发展注入了精神和灵魂，奠定了共同的思想基础。只有大力培育和践行社会主义核心价值观，才能保证社会主义的正确方向，才能促进中国特色社会主义制度的巩固和发展，才能抓住社会主义意识形态建设的根本。

二、团结奋斗的共同思想基础

一个社会、一个国家，团结至关重要。历史经验表明：民族团结，一荣俱荣；民族分裂，一损俱损。实现民族团结，必须具有各民族广泛认同的共同价值。考察人类文明发展史可以发现，一个社会、一个国家要想团结稳定，除了要有法律等制度性基础条件外，更重要的是要有维系这个社会的价值理念，特别是核心价值观。核心价值观是整个价值体系中最基础、最核心的部分，是个人、社会和国家长期秉承的根本原则，是维护国家统一、民族团结、社会稳定的核心元素。它蕴含着人们对世界、人生、社会等一系列重大问题的价值共识，深刻影响着每个社会成员的思想观念、思维方式、行为规范，是人们的精神旗帜。国家、民族的发展，需要依靠核心价值观来引领方向，规范秩序，整合资源，凝聚共识。

习近平总书记指出，"核心价值观，其实就是一种德，既是个人的德，也是一种大德，就是国家的德、社会的德。国无德不兴，人无德不立。如果一个民族、一个国家没有共同的核心价值观，莫衷一是，行无依归，那这个民族、这个国家就无法前进。"[①] 核心价值观在深层次上稳定而又持久地影响着社会群体的思想观念，决定着民族或国家的价值取向。因此，它是方向、目标、理想和信念的集中体现。构建核心价值观，发展主流意识形态、整合社会意识，是社会系统得以正常运转、社会秩序得以维持的基本途径，也是古今中外治国理政、安民固邦的重要经验。在中国古代，《管子·牧民》就提出了著名的"四维说"："国有四维，一维绝则倾，二维绝则危，三维绝则覆，四维绝则灭。倾可正也，危可安也，覆可起也，灭不可复错也。何谓四维？一曰礼，二曰义，三曰廉，四曰耻。""礼义廉耻，国之四维"之说经过历代儒家的吸收融合，逐步形成了以"三纲五常"为主要内容的传统价值体系，对于整合社会思想，维护中国封建社会的稳定和发展起到了重要作用。

---

① 习近平. 青年要自觉践行社会主义核心价值观：在北京大学师生座谈会上的讲话. 北京：人民出版社，2014：4.

"社会主义核心价值观是凝聚人心、汇聚民力的强大力量。"① 我国是一个拥有 56 个民族、14 亿多人口的大国，如果缺少共同的思想纽带就会是一盘散沙。当前，我国正处在经济转轨和社会转型的加速期，思想领域日趋多元、多样、多变，各种思潮此起彼伏，各种观念交相杂陈，不同价值取向同时存在，所有这些表现出来的是具体利益、观念观点之争，但折射出来的是价值观的分歧。只有找到全体社会成员在价值认同上的最大公约数，在具体利益矛盾、各种思想差异之上最广泛地形成价值共识，才能有效引领和整合纷繁复杂的社会思潮，有效避免利益格局调整可能带来的思想对立和混乱，在全社会形成统一的指导思想、共同的理想信念、强大的精神支柱和基本的道德规范，使人们超越民族、血缘、语言、习惯、地域等方面的差异，超越阶层、行业、职业、利益方面的差异，消除彼此之间的分歧和隔阂，增强社会成员的归属感和向心力。

三、社会进步的价值引领

任何一个国家的繁荣昌盛，既需要坚实的物质基础，同时也离不开强大的精神支撑；任何一个民族的发展进步，既有赖于物质文明的积累，同时也有赖于精神文明的成长。价值观作为一种社会意识，对社会存在具有巨大反作用，对人的行为具有重要的驱动、制约和导向作用。它激励、引导着人们的价值创造，规范着人们的价值选择。一个人走什

---

① 习近平. 高举中国特色社会主义伟大旗帜 为全面建设社会主义现代化国家而团结奋斗：在中国共产党第二十次全国代表大会上的报告. 北京：人民出版社，2022：44.

么样的人生道路、选择什么样的生活方式，都是在一定的世界观和价值观指导下进行的。同样，一个民族、一个国家走什么道路，也是由这个社会的核心价值体系决定的。

当一个民族寻找到了代表历史发展进步趋势的先进价值观念时，会在其引导下不断发展进步。近代以来，中国社会发展的历程就充分表明了这一点。1840年，帝国主义列强用坚船利炮打开了古老中国的大门，闭关自守的东方文明古国跨入了近代的门槛，中国也自此陷入了民族危机之中。如何挽救民族危机，实现国家的独立和解放成为时代的最强音。一批思想先进的仁人志士怀着救国救民的真诚愿望，向西方国家寻找济世良方。从林则徐、康有为到孙中山，他们代表了向西方寻求真理的先进人物。从林则徐"师夷长技以制夷"的主张到洋务派"中学为体，西学为用"的认识；从维新派"要救国，只有维新；要维新，只有学外国"的呼号到孙中山的三民主义，都展现了这些真理探索者的思想轨迹。无论是洋务运动的"中学为体，西学为用"的思想，还是维新派的维新主张，抑或以孙中山为代表的资产阶级革命派的主张，都没能拯救当时多灾多难的中国。这些努力之所以失败，是因为当时的选择不符合中国国情，要改变中国封建专制主义统治和帝国主义的殖民侵略，需要一种更为先进的科学思想，需要先进的价值理念来支撑。什么样的思想、价值观念能够救中国？中国的出路在哪里？正当中国人民为救亡图存困惑的时候，十月革命给中国送来了马克思列宁主义。中国的先进分子从俄国十月革命的胜利中看到，中国新的出路不是资本主义而是社会主义。以十月革命为契机，马克思主义在中国犹如春风化雨，迅速而广泛地传播开来，被人们接受和认同，进而成为中国共产党的理论基础和指导思想，成为主导中国亿万人理想、情操和人生价值的思想文化规范，并融入中国人民的精神生活之中。社会主义核心价值理念指引下的社会主义制度的最终建立，为当代中国的发展进步奠定了基本的前提。

实现中华民族伟大复兴，绝不是轻轻松松、敲锣打鼓就能实现的，也绝不是一马平川、朝夕之间就能到达的。当今世界百年未有之大变局加速演进，新一轮科技革命和产业变革深入发展，国际力量对比深刻调整，我国发展面临新的战略机遇。同时，国际形势的不稳定性和不确定性明显增加，逆全球化思潮抬头，民粹主义、排外主义抬头，单边主义、保护主义、霸权主义对世界和平与发展构成威胁，局部冲突和动荡频发，全球性问题加剧，世界进入新的动荡变革期。我国改革发展稳定面临不少躲不开、绕不过的深层次矛盾，党的建设特别是党风廉政建设和反腐败斗争面临不少顽固性、多发性问题，来自外部的打压遏制随时可能升级。我国发展进入战略机遇和风险挑战并存、不确定难预料因素增多的时期，各种"黑天鹅""灰犀牛"事件随时可能发生。在迈向第二个百年奋斗目标的新的赶考路上，我们面临的风险考验会越来越复杂，为此必须增强忧患意识，坚持底线思维和极限思维，准备经受风高浪急甚至惊涛骇浪的重大考验。面对难以预料的困难和挑战，需要强大而持久的精神动力和精神支撑。

社会主义核心价值观集中反映了当代中国时代精神的精华，指明了当代中国社会发展的前进方向和进步趋势，具有极大的引导力、感召力、凝聚力。我们要大力践行社会主义核心价值观，用共同的奋斗目标激发全体人民的斗志，用共同的价值追求激发全社会的力量，增强人们的信心，使整个社会保持昂扬奋进的精神状态，始终保持那么一股子冲劲、闯劲、拼劲、韧劲，激发全体中华儿女共同创造中华民族新的伟业。

四、文化软实力的灵魂

全面建成社会主义现代化强国，实现中华民族伟大复兴，既要有政治、经济、科技、军事等强大的硬实力，也离不开思想、文化、价值观等软实力。历史发展表明，凡是在世界民族之林拥有一席之地的民族，在文化上对内具有强大渗透力、凝聚力和感召力，对外也具有较强的辐射力、传播力、影响力。文化软实力主要指文化的吸引力和感染力，对一个国家而言，它是一种支撑力、创造力、推动力、凝聚力和传承力，因它的内在性、深刻性和精神特性，从而具有可持续的竞争力，成为综合国力竞争中的核心力量。软实力（soft power）这一概念最早是由美国哈佛大学教授约瑟夫·奈（Joseph Nye）提出的。在他看来，一个国家的综合国力，既包括由经济、科技、军事实力等所体现出来的硬实力，也包括以文化和价值观念、社会制度、发展模式、生活方式、意识形态等的吸引力所体现出来的软实力。在约瑟夫·奈看来，"传统而言，作战能力往往是检验大国的标尺。而现在，权力的定义不再强调昔日极其突出的军事力量和征服。技术、教育和经济增长因素在国际权力中的作用越来越重要，而地理、人口和原材料则变得越来越不重要了。"[①]权力的这种转化意味着软性的同化权力与硬性的指挥权力在当今国际权

---

① 奈. 硬权力与软权力. 北京：北京大学出版社，2005：98 - 99.

力格局中都扮演着十分重要的角色。对此，约瑟夫·奈指出：

> 如果一个国家可以使其权力被他国视为合法，则它将遭受更少
> 对其所期望的目标的抵制。如果其文化与意识形态有吸引力，其他
> 国家将更愿意追随其后。如果该国能够建立与其社会相一致的国际
> 规范，则它无需被迫改变。如果该国支持使得他国按照主导国家的
> 预期采取行动或限制自身行为的制度，它可能无需以高昂代价运用
> 强制性权力或硬权力。①

当代世界的发展表明，硬实力和软实力，犹如车之两轮、鸟之双
翼，共同构成一个国家的核心竞争力，推动着一个国家综合国力的发
展。文化软实力是国家核心竞争力的关键一翼，也是国际竞争的重要方
面。20世纪90年代以来，一些发达国家、新兴工业化国家和地区纷
纷调整文化政策，制定国家和地区文化发展战略，在经济、科技、军
事等硬实力方面进行战略竞争的同时，又围绕提升文化影响力、增强
意识形态吸引力等问题开展了软实力的博弈，千方百计增强本国文化
的整体实力和国际竞争力，力求在日益激烈的综合国力竞争中赢得主
动权。

核心价值观决定着文化软实力的性质和发展方向。核心价值观渗透
于经济、政治、文化、社会各个方面，决定着社会发展模式、制度体制
和目标任务，在所有价值目标中处于统摄和支配地位。社会主义核心价
值观是当代中国文化软实力的"魂"，为发展文化软实力提供科学的世

---

① 奈. 硬权力与软权力. 北京：北京大学出版社，2005：107.

界观、方法论和价值指导，为文化软实力建设提供了辨别是非、权衡利弊、明辨善恶、体察优劣、抵御谬误、弘扬正气的根本标准。

核心价值观影响文化创造力。创新精神和创新能力，是文化感召力的重要标志，也是文化走向世界的重要支撑。"一定的文化（当作观念形态的文化）是一定社会的政治和经济的反映，又给予伟大影响和作用于一定社会的政治和经济"①。作为文化灵魂的核心价值观，只有适应经济社会发展的要求，代表人类文明发展的方向，才能促进社会的发展和进步。正因如此，一个民族、一个国家只有时刻保持革故鼎新的精神状态，不断改革不适应社会发展的价值观念，积极培育先进的价值理念，才能促进文化软实力的提升，进而促进社会的全面进步。

大力加强核心价值观建设，也有助于扩大国家的文化影响力。文化影响力的大小是衡量一个国家文化软实力的重要标志。核心价值观是文化软实力的灵魂，是文化软实力建设的重点。在一定意义上，价值观的感召力决定了国家文化软实力的强弱。一个国家的崛起不仅是经济的崛起，也是社会制度的崛起，同时还应该是价值观念的崛起。一个国家的影响力与其核心价值观是密切相关的。在国家由大国发展到强国的过程中，文化的内涵越来越丰富，核心价值观的力量越来越强大。为此，一个国家需要立足国情，同时面向世界和人类未来，确立起具有强大感召力的价值观念。只有这样，才能在激烈的国际竞争中脱颖而出，才能对世界产生重大影响力。

---

① 毛泽东. 毛泽东选集：第2卷. 2版. 北京：人民出版社，1991：663-664.

第二节

用社会主义核心价值观培育新时代青少年

　　青年兴则国家兴，青年强则国家强。一个时代的精神是青年代表的精神，一个时代的性格是青春代表的性格。青年是整个社会力量中最积极、最有生气的力量。历史和现实都告诉我们，青年一代有理想、有担当，国家就有前途，民族就有希望，实现中华民族伟大复兴就有源源不断的强大力量。

一、新时代青少年的使命与担当

　　时间之河川流不息，每一代青年都有自己的历史际遇和机缘，都要在自己所处的时代条件下谋划人生、创造历史。马克思主张青年的发展应与历史发展和人类进步紧密结合起来，青年的成长应同无产阶级事业以及人类社会的前途命运紧密相连。1835年，17岁的马克思在他的高中毕业论文《青年在选择职业时的考虑》中这样写道："如果我们选择了最能为人类而工作的职业，那么，重担就不能把我们压倒，因为这是为大家作出的牺牲；那时我们所享受的就不是可怜的、有限的、自私的乐趣，我们的幸福将属于千百万人，我们的事业将悄然无声地存在下去，但是它会永远发挥作用，而面对我们的骨灰，高尚的人们将洒下热泪。"① 青年马克思对择业观的考虑相当深刻，他决心将一生献给解放全人类的伟大事业。马克思一生饱尝颠沛流离的艰辛、贫病交加的煎熬，但他初心不改、矢志不渝，为人类解放的崇高理想而不懈奋斗，成就了伟大人生。

青年是标志时代的最灵敏的晴雨表，时代总是把历史责任赋予青年。1840 年鸦片战争以后，中国逐渐成为半殖民地半封建社会，国家蒙辱、人民蒙难、文明蒙尘，中华民族遭受了前所未有的劫难。中国青年深切感受到日益深重的民族危机。五四运动前后，一大批率先接受新思想、新文化、新知识的有志青年在反复比较中选择了马克思列宁主义，促进中国人民和中华民族实现了自鸦片战争以来的第一次全面觉醒。1921 年 7 月，一群平均年龄只有 28 岁的青年代表高举马克思主义的旗帜，抱着"为有牺牲多壮志，敢教日月换新天"的决心，创建了中国共产党，宣告了中国共产党的诞生，开启了民族复兴的新纪元。在中国共产党的领导下，中国共产主义青年团于 1922 年成立，中国青年运动翻开了新的历史篇章。在中国共产党的领导下，一代代青年满怀对祖国和人民的赤子之心，积极投身党领导的革命、建设、改革伟大事业，以青春之我，创青春之国家和青春之民族，在民族复兴的历史洪流中谱写了一曲曲开天辟地和惊天动地的青春乐章。

一代人有一代人的长征，一代人有一代人的担当。党的二十大擘画了全面建成社会主义现代化强国、以中国式现代化全面推进中华民族伟

---

① 马克思，恩格斯. 马克思恩格斯全集：第 1 卷 . 2 版. 北京：人民出版社，1995：459 - 460.

大复兴的宏伟蓝图，制定了全面建成社会主义现代化强国分两步走的总体战略："从二〇二〇年到二〇三五年基本实现社会主义现代化；从二〇三五年到本世纪中叶把我国建成富强民主文明和谐美丽的社会主义现代化强国。"① 从现在起到全面建成社会主义现代化强国，正是当代青年人生奋斗的黄金期。这个黄金期与全面建设社会主义现代化国家的宏伟征程高度契合。当代中国青年生逢其时，不仅是全面建成社会主义现代化强国进程的见证者，更是这一进程的参与者、奋斗者和创造者。

新时代青少年生逢盛世、共享机遇。新时代为青少年成长成才、勤学报国提供了广阔的舞台和无限的机遇。随着中国的经济实力、科技实力、综合国力不断迈上新台阶、取得新跨越，新时代青少年的发展基础日益厚实，获得了更优越的发展机遇、更有力的政策支持、更可靠的社会保障、更温暖的组织关怀，实现人生出彩的舞台越来越宽阔。党的二十大描绘了以中国式现代化全面推进中华民族伟大复兴的战略目标、重大原则和战略部署，提出了一系列惠民生、暖民心的新思路新举措，着力解决包括青年在内的广大人民群众急难愁盼问题，充分回应广大人民群众对美好生活的向往。可以说，新时代中国青年生逢中华民族发展的最好时期，拥有更优越的发展环境、更广阔的成长空间，面临着建功立业的难得的人生际遇。

全面建成社会主义现代化强国，是一项继往开来的伟大事业，前途

---

① 习近平. 高举中国特色社会主义伟大旗帜 为全面建设社会主义现代化国家而团结奋斗：在中国共产党第二十次全国代表大会上的报告. 北京：人民出版社，2022：24.

光明，任重道远。中国式现代化是人口规模巨大的现代化。我国14亿多人口要整体迈入现代化社会，规模将超过现有发达国家人口的总和，其艰巨性和复杂性前所未有。中国式现代化是全体人民共同富裕的现代化，不是要让一部分人、一部分地区富裕起来，而是让全体人民共同富裕起来，共享现代化成果；中国式现代化是物质文明和精神文明相协调的现代化，要实现全体人民的物质富足和精神富有，促进物的全面丰富和人的全面发展；中国式现代化是人与自然和谐共生的现代化，要坚定不移走生产发展、生活富裕、生态良好的文明发展道路，实现中华民族永续发展；中国式现代化是走和平发展道路的现代化，在坚定维护世界和平与发展中谋求自身发展，又以自身发展更好维护世界和平与发展，推动构建人类命运共同体。

中国式现代化是一项伟大而艰巨的事业。惟其艰巨，所以伟大；惟其艰巨，更显荣光。我们要埋头苦干、担当作为，以更加积极的历史主动精神推进马克思主义中国化时代化，不断谱写新时代中国特色社会主义新篇章，奋力实现中华民族伟大复兴的中国梦。

时代的责任赋予青年，时代的光荣属于青年。青年一代有理想、有本领、有担当，国家就有前途，民族就有希望。中华民族伟大复兴的中国梦终将在一代代青年的接力奋斗中变为现实。新征程上中国青年当以实现中华民族伟大复兴为己任，为全面建成社会主义现代化强国、实现第二个百年奋斗目标努力奋斗，贡献青春和智慧。新时代的青少年要"坚定不移听党话、跟党走，怀抱梦想又脚踏实地，敢想敢为又善作善成，立志做有理想、敢担当、能吃苦、肯奋斗的新时代好青年，让青春在全面建设社会主义现代化国家的火热实践中绽放绚丽之花"①。

二、培养有理想、有本领、有担当的青少年

青少年是祖国的未来、民族的希望，青少年的价值取向决定了未来整个社会的价值取向。青少年处在价值观形成和确立的时期，抓好这一时期的价值观养成十分重要。要坚持不懈用社会主义核心价值观铸魂育人，引导学生把国家、社会、公民的价值要求融为一体，把爱国情、强国志、报国行自觉融入建成社会主义现代化强国的伟大征程之中。

（一）筑牢理想信念之基，补足精神之钙

人民有信仰，国家有力量，民族有希望。理想信念是人的精神脊梁，是激励人们砥砺前行的力量之源。习近平总书记在纪念红军长征胜利 80 周年大会上的讲话中指出："心中有信仰，脚下有力量；没有牢不可破的理想信念，没有崇高理想信念的有力支撑，要取得长征胜利是不可想象的。"② 理想信念是指引和支撑中国人民站起来、富起来、强起来的强大精神力量。实现中华民族伟大复兴的中国梦是长征再出发，是长期而艰巨的伟大事业，需要付出极其艰辛的努力，没有坚定的理想信念，就会导致精神"缺钙"，就会得"软骨病"，就不可能承担并完成使命任务。作为担当民族复兴大任的时代新人，青少年必须牢固树立共产主义远大理想和中国特色社会主义共同理想，坚定正确政治方向，坚定

---

① 习近平．高举中国特色社会主义伟大旗帜 为全面建设社会主义现代化国家而团结奋斗：在中国共产党第二十次全国代表大会上的报告．北京：人民出版社，2022：71.
② 习近平．在纪念红军长征胜利 80 周年大会上的讲话．人民日报，2016－10－22（2）.

中国特色社会主义道路自信、理论自信、制度自信、文化自信，坚定听党话、跟党走的人生追求，矢志不渝为实现共产主义远大理想和中国特色社会主义共同理想而奋斗。

理论上清醒，政治上才能坚定。坚定的理想信念，必须建立在对马克思主义的深刻理解之上。要坚持用马克思主义的立场、观点、方法认识世界，把握人类社会发展的客观规律，用习近平新时代中国特色社会主义思想武装头脑、指导实践、推动工作，在学懂弄通做实上下功夫，全面掌握这一科学理论的基本观点、理论体系，切实把这一科学理论落实到实际工作中。

要加强革命传统教育和革命英雄精神传承。诞生于民族危亡局势下的中国共产党，为中华民族的独立、中国人民的解放作出了不懈努力并付出了巨大牺牲，在波澜壮阔的革命中创造了带有鲜明中国烙印的革命文化。革命文化彰显了中国共产党人对理想信念的无比忠诚，凝聚了中国人民深沉的爱国情怀，不论过去、现在还是将来，都是激励中华儿女为实现中华民族伟大复兴而勇往直前的精神动力。要在青少年中做好红色基因的传承，把革命文化蕴含的坚定理想信念、崇高价值追求发扬光大，在新时代把革命先辈开创的伟大事业不断推向前进。要加强对党史、军史、国史的研究，牢牢把握党的历史发展主题主线，深刻揭示党的历史发展的主流和本质，坚决反对任何歪曲和丑化党的历史的错误倾向。要心怀崇敬，浓墨重彩记录英雄、塑造英雄，让英雄的事迹和精神得到广泛传播，营造崇尚英雄、学习英雄、捍卫英雄、关爱英雄的浓厚氛围，依法依规严肃惩戒污蔑诋毁英雄、伤害民族感情的恶劣言行。要加强革命文物保护，做好革命遗址、遗迹、烈士纪念设施的保护和利用，充分发挥其资政育人功能。要讲好红色故事，引导青少年深刻认识红色政权来之不易，新中国来之不易，中国特色社会主义来之不易，进而激发爱党爱国之志，增强奋进奋发之力，鼓励其勇于克服前进道路上的困难和挫折，走好新时代长征路。要大力推进革命文化进教材、进课堂、进校园，让红色基因在青少年学生心中扎根，让革命文化薪火相传。

（二）以礼敬自豪的态度对待中华优秀传统文化，浇铸精神之魂

文化是一个国家、一个民族的灵魂。没有高度的文化自信，没有文化的繁荣兴盛，就没有中华民族的伟大复兴。要引导青少年树立文化自觉和文化自信。源远流长、博大精深的中华优秀传统文化，积淀着中华民族最深层的精神追求，包含着中华民族最根本的精神基因，为中华民族生生不息、发展壮大提供了强大精神支撑。要充分发掘文化经典、历史遗存、文物古迹承载的丰厚道德资源，弘扬古圣先贤、民族英雄、志士仁人的嘉言懿行，让中华优秀传统文化基因植根于人们的思想意识和道德观念。要深入阐发中华优秀传统文化蕴含的讲仁爱、重民本、守诚信、崇正义、尚和合、求大同等思想理念，深入挖掘自强不息、敬业乐群、扶正扬善、扶危济困、见义勇为、孝老爱亲等传统美德，并结合新的时代条件和实践要求继承创新，充分彰显其时代价值和永恒魅力，使之与现代文化、现实生活相融相通，成为全体人民精神生活、道德实践的鲜明标识。要紧密围绕立德树人根本任务，把中华优秀传统文化全方位融入思想道德教育、文化知识教育、艺术体育教育、社会实践教育各环节，让中华优秀传统文化在一代代接续传承中不断发扬光大。

（三）培养斗争精神，造就可堪大用、能担重任的栋梁之材

马克思说："如果斗争只是在有极顺利的成功机会的条件下才着手进行，那末创造世界历史未免就太容易了。"[①] 实现伟大梦想必须进行伟大斗争。在前进道路上我们面临的风险考验只会越来越复杂，甚至会遇到难以想象的惊涛骇浪。我们面临的各种斗争不是短期的而是长期的，可能要伴随我们实现第二个百年奋斗目标的全过程。担当民族复兴大任的青少年必须具备进行长期的、艰巨的、复杂的斗争的思想准备，始终保持不畏艰险、积极进取、勇于开拓的精神状态，具有敢于担当、不懈奋斗的精神，保持乐观向上的人生态度，做到刚健有为、自强不息。要引导青少年树立扎根人民、奉献国家，为人民不懈奋斗、同人民一起奋斗的远大志向，把人民对美好生活的向往作为自身的奋斗目标，传承接力奋斗精神，以青春之我、奋斗之我为民族复兴铺路架桥，为祖国建设添砖加瓦。要使其经受思想淬炼、实践锻炼，在改革开放和社会主义现代化建设的大熔炉中，在社会的大学校里，经风雨、见世面、壮筋骨，努力成为可堪大用、能担重任的栋梁之材。

（四）培育健康理性的国民心态，树时代新人良好形象

国民心态是综合国力的重要组成部分，是助推国家发展的强大动力。随着中国日益走近世界舞台中央，不断为人类作出更大贡献，必须切实提升国民素质，建构与大国地位相符合、与综合国力相匹配的国民

---

① 马克思，恩格斯. 马克思恩格斯全集：第33卷. 北京：人民出版社，1973：210.

心态。要培养公民宽广的国际视野和世界眼光、厚重的大国胸襟和大国情怀，引导人们做到理性爱国，理性合法有序地表达自己的爱国情怀。一方面要反对崇洋媚外、妄自菲薄；另一方面要反对极度自信、盲目排外。今天，随着国际交往的日益频繁，青少年出国学习交流、体验生活的机会越来越多，每一个走出国门的青少年都是向国际社会展示我们国家的名片，其一言一行、一举一动都在展示着全体人民的精神风貌，代表着国家形象，都会程度不同地影响他国人民对我们整个国家和民族的认知认同。要引导青少年在国外旅游、求学中，尊重当地法律法规和文化习俗，展现中华美德，维护国家荣誉和利益。要引导青少年在各种国际场合、涉外活动和交流交往中，树立自尊自信、开放包容、积极向上的良好形象。

第二章

价值认同的内涵、现代语境及原则

全面建成社会主义现代化强国、实现中华民族伟大复兴，归根到底需要培养和造就有理想、有本领、有担当的时代新人。青少年阶段是人生的"拔节孕穗期""灌浆期"，这一时期，青少年的知识体系搭建尚未完成，价值观塑造尚未成型，情感心理尚未成熟，人生阅历也相对有限，迫切需要价值引导。要将社会主义核心价值观融入青少年教育的全过程，教育引导青少年树立远大志向、培育美好心灵，自觉践行社会主义核心价值观，将之转化为情感认同和行为习惯。

第一节

认同的内涵及功能

认同问题既是一个重要的理论问题，也是一个重要的实践问题。在学术领域，认同问题受到了哲学、心理学、社会学、政治学、人类学、民族学、历史学、教育学等诸多学科的广泛关注，现已成为一个跨学科的综合性研究论题。在实践领域，认同这一术语得到广泛运用。无论是在政府报告、文件中，相关法律政策条文中，还是在学校、企业、团体等日常运行和管理中，认同一词出现频率极高。认同及其相关问题受到社会各个层面的高度关注，在某种程度上，认同已成为一个"日用而不觉"的词汇。但是，熟知并非真知，日常生活中的广泛使用，代替不了学术层面的分析。为此，我们需要从理论层面，对认同的内涵、类型、功能等作出学理考察。

一、认同：我（们）是谁？

从词源上讲，"认同"一词起源于拉丁文的 idem（相同，the same）。在哲学和逻辑学中，idem 被译成"同一性"，它既表示两者之间的相同或同一，也表示同一事物在时空跨度中所体现出来的一致性和连贯性。洛克就在这一意义上对认同进行了专门论述。他认为"我们如果把一种事物在某个时间和地点存在的情形，同其在另一种时间和地点时的情形加以比较，则我们便形成同一性（identity）和差异性（diversity）底观念。……同一性之所以成立，就是因为我们所认为有同一性的那些观念，在现在同在以前存在时的情况完全一样，没有变化。……一个事物不能有两个存在起点，两个事物亦不能有一个起点……因此，凡具有一个发端的东西，就是有同一的东西，至于别的东西底发端如果在时地方面都与此一种东西不同，则那种东西，便与此种东西不相同，而是相异的"[①]。

具体到人的同一性，情况就复杂得多。因为人的同一性问题，绝不仅仅体现为外在的物理形态在不同空间和不同时间里的一致性，同时还要表现为人之内在的同一性，即心理、意识、情感、价值等的内在同一性。这是因为，一个人身处不同的空间之中，尽管其外在的状况没有发生明显的变化，但是由于其内在状况的变化，我们也很难说他与原来相

---

① 洛克.人类理解论：下.北京：商务印书馆，1959：302.

同。"士别三日，当刮目相看"，或许就可以表达这一层含义。对内在同一性的追求，反映了人有别于动物的理想性和超越性的一面。因为，尽管人的肉体和生命是有限的，但是，人的精神追求却是无限的，有限的个体生命通过精神的提升可以获得升华，人由此获得自身的价值感和意义感。在这一意义上，人的同一性或认同具有形而上的向度。正是借助这种超越的本性，人不断朝理想的、可能的生活迈进，力图追求物质与精神、主观与客观、理想与现实的统一。人的同一性恰恰体现在对这种总体性自我的理解和把握当中。

"认同"还具有"身份""归属"的含义。自我同一性不仅是一种事实性存在，更重要的它还是自我的一种辨别结果，即自我需要辨识自己究竟是否具有同一性，是一种在什么意义上的同一性。无疑，这就落脚到一种归属问题。个体在与其他事物的比较中，既会发现自己的独特之处，同时也会发现自己与群体之物的相似之点，从而达到对"我是谁"的一种确认。因此，"认同"是对于"我是谁"这一看似简单的问题的一个不断自我追问的过程。在这种不断追问的过程中，自我可以确认自己的特色，确定自己属于哪个类别、不属于哪个类别。并且，在这一过程中，自我对自身的理解必然涉及对其周围环境和他者的理解和把握。也正是在这一意义上，当代政治哲学家杰夫里·韦克斯（Jeffrey Weeks）指出："认同给你一种个人的所在感，给你的个体性以稳固的核心。认同也是有关于你的社会关系，你与他者的复杂牵连。"①

---

① Weeks J. "The Value of Difference"//Jonathan Rutherford（ed）. Identity：Community，Culture，Difference. Lawrence & Wishart，1990：88.

在归属感意义上，认同实际上是在两个层面上进行的，即个人的认同和社会的认同。个人的认同是指自我的建构，即对自己成为独立个体的自我感，以及认为别人如何看待自己。个体的认同偏重于对个体性的确认，社会的认同则侧重于对共同感的确认，它涉及作为独立个体的我们如何将自己放在我们生活于其中的社会当中，个体所处的复杂社会关系决定了社会的认同的意义和内涵。在现实生活中，认同的这两个层面是紧密联系在一起的。

归属感是一个人的基本需求。美国心理学家马斯洛将人的需要分成生理需要、安全需要、社交需要、尊重需要和自我实现需要五个层次，层次由低到高。社交需要即"归属与爱"的需要作为人的一项基本需要，在人的成长和发展中起着重要的作用。马斯洛认为，个体具有在自己所属的群体中产生出强烈的归属需要。关于"归属与爱"这一层次的需要，马斯洛认为主要包含两个层次：一是爱的需要，即人人都需要在伙伴之间、同事之间保持关系融洽或保持友谊；人人都希望得到爱情，希望爱别人，也渴望接受别人的爱。二是归属的需要，即人都有一种归属于一个群体的感情，希望成为群体中的一员。感情上的需要比生理上的需要来得细致，它和一个人的生理特性、经历、教育、宗教信仰都有关系。

无论是对同一性的辨别还是对身份感的追问，最终要落实到认同主体的价值判断上，即认同主体是否认可某种价值，赞成某种观点。因此，认同感的强与弱，与人们的价值体验和价值判断密切相关。认同问题，从根本上说是价值认同问题。在身份感的追寻中，人是置身于特定的社会情境之中的，受特定的利益、情感、态度、价值观、信仰等因素的影响。相同或相近的历史命运、情感体验、利益诉求、价值理念、宗教信仰等往往强化着"我们感"，增强着自我与他者的区分，从而使自我对自己的归属、自我的身份、自我的特性有着更加明晰的认识和感受。

二、认同的力量

无论是对于个体、群体，还是对于国家而言，认同都具有重要的价值。认同为个体的价值判断和价值选择提供了基本参照，"知道你是谁，就是在道德空间中有方向感；在道德空间中出现的问题是，什么是好的或坏的，什么是值得做和什么不值得做，什么是对你有意义的和重要的，以及什么是浅薄的和次要的"[①]。认同给个体提供了安全感，使其获得心理上的归属。越是在变动的情境中，个体寻求他人帮助，获得归属感的渴望越强烈。变化的社会环境、漂泊不定的生活，往往会引发一个人的认同焦虑。在日常生活中，良好的人际关系之所以重要也在于此。良好的人际关系有助于个体体会到深挚、长久的友谊，与他人形成相互依靠、托付和信赖的关系，进而形成一种"家"的感觉。强烈的家园感给个体以稳定的心理预期，使其在漂泊的社会中获得本体性安全。认同也是行动意义的重要来源，认同决定了行动的方向和力量。"我们必须先知道我们是谁，然后才能知道我们的利益是什么。"[②] 一个人、

---

① 泰勒. 自我的根源：现代认同的形成. 南京：凤凰出版传媒集团，2008：33.

② Huntington S P. "The Erosion of American National Interest"//Wittkopf E R and McCormick J M（ed）. The Domestic Sources of American Foreign Policy. Rowman & Littlefield Publishers，1999：11.

一个群体在追问自己的身份、探寻心理的归属、寻找生存的意义时，往往最终落实到行动中。江姐面对敌人的严刑拷打，宁死不屈；黄继光奋不顾身、用胸膛堵枪眼；焦裕禄不顾重病缠身，带领兰考人民勇敢治沙……所有这些行为举动，与其政治认同感、职业认同感以及由此生发出的使命感和责任心紧密相关。正是这种强烈的认同感，激发起他们无尽的热情，催生出舍生忘死的举动，迸发出巨大的力量。

在群体层面上，一个群体在与其他群体的比较中，会不断增强对自身特性的理解，从而更为深切地体会到自己在价值序列中所处的地位。对于强势群体而言，这种对自身独特性的感受会强化其身份优越感；但对于一个受压制、处于弱势地位的群体来说，它一旦通过对自己受损情境的感知而体验到自己的独特身份时，往往会采取激烈的方式摆脱自身在价值序列中的不利地位，并以此获得其他群体对自己身份、利益和价值追求的认可。如此看来，认同与承认存在密切的关系。"我们的认同部分地是由他人的承认构成的；同样地，如果得不到他人的承认，或者只是得到他人扭曲的承认，也会对我们的认同构成显著的影响。……得不到他人的承认或只是得到扭曲的承认能够对人造成伤害，成为一种压迫形式，它能够把人囚禁在虚假的、被扭曲和被贬损的存在方式之中。"① 无论是近代以来波澜壮阔的民族解放运动，还是之后的女权主义运动等，都明显地体现出群体认同的力量。

认同构成政治统治合法性的基础，它为政治统治维系自身同一性和

---

① 泰勒．承认的政治//汪晖，陈燕谷．文化与公共性．北京：生活·读书·新知三联书店，1998：290-291.

连续性提供了重要保障。政治认同的重要功能之一也体现于此。任何一种政治统治体系不可能仅仅依靠暴力来维持自身的统治，只有得到绝大多数成员的支持和认可，才能确立权威，进而保证统治者和被统治者之间的良性互动。这也就是所谓的合法性问题。合法性就是指一种统治能够让被统治者认为是正当的、合乎道义的，从而使人们能够自愿服从或认可的能力与属性，它表征着被统治者对统治正当性与合理性的认可。合法性问题，归根结底是民众的认同问题。对于一种统治而言，民众能否对其产生认同感，能否认可其政治理念、政策主张，是判定其存在是否具有合法性的关键。"如果没有某种认同的基础，任何政权都无法持久。"① 对于一个国家来说，如果无法使国民确立起对自己的认同感，从内心认可自己归属于这个国家，意识到自己的国民身份，国家的存在就缺乏稳固的民众心理基础，就会受到各种地方势力和宗派势力的挑战，有走向解体的可能。对于一个政党而言，如果不能通过有效的意识形态工作、良好的执政绩效、富有吸引力的政治纲领、有效的组织架构、良好的公众形象来增强自身的执政效力，使民众自觉接受其执政地位的属性，就会存在被抛弃的危险。在历史和现实中，某些国家的解体，某些政党的倒台，某些政府的解散，无不与民众对其失去认同感相关。正因如此，任何一个国家、政府，任何一个政党，都注重采取行之有效的方式提升人们对自身的认同感，增强自身的合法性。

一种政治统治要获得人们的认同感，需要一定的条件资源作为支撑。一般说来，这些条件资源包括：绩效资源、制度资源、意识形态资

① 诺内特，塞尔兹尼克.转变中的法律与社会.北京：中国政法大学出版社，1994：61.

源。从绩效资源来看，一种政治统治必须以实际成就、以一定的政绩证明自身具备治理能力。如此一来，其满足社会成员利益的程度就成为政治认同的逻辑起点。"为了使共同体中的成员能够认为统治者的指挥地位是具有合法性的，那么就需要这种地位明确地表现出它所具有的公共福祉的活力。"① 总的看来，政绩越高，人们的利益诉求越得到满足，人们的政治认同感也就越强。从制度资源来看，现代政治统治注重制度设计，注重有效地处理不同主体之间的矛盾，切实保障和实现人们的各项权益，从而提升执政理念、政策主张的吸引力。

无论是绩效资源的获得，还是制度资源的建构，都是利用看得见、摸得着的实实在在的成果来增进人们的认同。除此之外，精神层面力量的调动，也是提升政治统治合法性和增强政治认同不可或缺的举措。意识形态工作、价值观教育工作就属于这种类型。"合理、适度的意识形态策略运用，可以为统治秩序提供一种有效的道义诠释，并通过某种程度上受控的政治社会化过程，将统治者的政治强制转化为被统治者的政治信仰和政治义务。"② 作为政治认同的观念性资源，意识形态资源是指在一定的经济基础上形成的系统的思想观念，代表了特定阶级或社会集团的利益，反过来又指导该阶级或集团的行动。意识形态具有十分重要的作用，它一经创造出来，就会形成相对独立的价值体系，依靠自身的逻辑力量影响其他价值观念系统，从而对人们的思想和行为产生重要影响。意识形态内含着特定的价值理想、理论学说和政策主张，它是政

① 夸克.合法性与政治.北京：中央编译出版社，2002：47.
② 何显明.意识形态的合法性诠释功能及其限制.现代哲学，2006（1）：24.

治合法性的观念基础、解释性框架，具有价值导向功能，对多元价值观念和人们多样化的价值选择起引领作用，引导人们认同主流意识形态，维护现有的社会制度和秩序。意识形态还具有凝聚功能，它通过系统性的论证证明自身的科学性和有效性，凝聚全社会的价值观念体系，凝聚社会共识。总之，意识形态在政治理想、政治价值、政治态度、政治行为等方面对社会成员发挥着引导、动员、凝聚的功能，为政治统治提供论证和辩护，是凝聚人心、增强政治认同的重要方式。

作为传播主流意识形态的载体和工具，思想政治教育和价值观教育不仅具有传授知识、提升个体理性认知水平的功能，还肩负着受众的政治情感态度和政治价值观养成的重任。因此，传播主流意识形态和主导价值观念，引导人们认同特定的政治理念是价值观教育的重要任务，如何使人们发自内心、心悦诚服地认同社会主流价值理念，是价值观教育的出发点和落脚点，也是判断价值观教育有效性的关键。

第二节

现代性语境下的价值认同困境

认同是要寻求同一性、稳定性，其目的在于给人带来安全感和稳定感，引导人们确立稳固的认同焦点，但认同问题的产生却开始于差异性、流变性和价值的断裂。当不同的意识形态和多样化的价值观念呈现在面前时，人们面对认同的万花筒，容易失去焦点。认同问题的发生与非确定性密切相关，在相对封闭、繁荣和稳定的环境里，通常不会产生认同问题。现代性带来流动多变、价值断裂的世界，全球化造就自我与他者之间价值观念碰撞的现实场域，恰恰是引发认同问题的重要情境。在当代中国，随着现代性的深入演进，全球化的深入发展，个体理性反思能力的不断提升，人们思想观念的多样性、多变性、批判性不断增强，这使得价值观教育、价值认同面临新情况、新挑战。

一、全球化语境下他者的价值冲击

认同，是一种辨识的过程，即自我通过与他者的比较，力图发现自我与他者有何共同点和区分之处，进而达到对"我是谁"即自我身份的确认。因而，认同的形成以对他者的看法为前提，对自我的界定总是包含对他者的价值、特征及生活方式的理解。外在的他者构成了自我反观自身的镜子，正是由于他者的出现，才会引发自我对自身的反思，进而导致认同问题。

他者是一种十分独特的存在。一方面，他者是与自我不同的存在；另一方面，自我除非对他者有所了解，否则自己不会成为自己，不会获得自我意识和自我认同感。如此一来，他者是与自我密不可分的另一个自己，他者构成了自我反观自身的一面镜子，自我通过借助他者这一面镜子，可以更好地辨认出自己的形象。

尽管他者作为反观自我的一面镜子具有重要作用，但是，对于自我

而言，他者的作用往往是在否定性的意义上被接受的。自我与他者之间
包含权力向度。黑格尔在《精神现象学》中关于主人-奴隶关系的分析
就表明了这一点。在他看来，他者的显现对于"自我意识"的形成必不
可少。主奴双方之间的行为是一场殊死搏斗，任何一方都试图消灭对
方，都以对方为中介确证自己的存在。冲突的结果是强者成为主人，弱
者成为奴隶。主人将他的对方放置在自己的权力支配之下，通过奴隶的
加工改造间接与物发生关系，享受了物。对于主人而言，奴隶就是他
者，由于他者的存在，主体的意识才得以存在，权威得以确立[①]。在思
想文化交流中，自我与他者之间的权力博弈往往以一种或隐或现的关系
内含其中。而当一种思想文化以强大的经济和军事实力为后盾而对对方
发生影响作用时更是如此。

全球化语境下不同文化、价值观念和意识形态的交流、交融和交
锋，造就了自我和他者关联的现实场域，也为人们审视自身文化、价值
观念和意识形态提供了现实的参照系。全球化进程中处于强势地位的国
家，会凭借自身经济、政治和军事优势对后发国家施加影响，并力图将
其纳入自身发展体系之中。

全球化背景下的本土文化与外来文化之间的矛盾，导致了认同问题
的产生。联合国教科文组织、世界文化与发展委员会在其《文化多样性
与人类全面发展——世界文化与发展委员会报告》中指出："标准化的
信息和消费模式在世界各地传播，引起人们内心的焦虑和不安。人们开
始把注意力转向自己的文化，坚持本土文化价值观，把文化作为确定自

---

① 黑格尔.精神现象学：上.北京：商务印书馆，1979：127-129.

我身份的一种手段和力量之源。对于那些最贫苦无依的人们来说，他们的价值观是他们拥有的唯一财富。在这个纷繁复杂的世界上，传统价值观使他们不至于迷失自我，并赋予他们的生活以切实的意义。在世界许多地区，我们都能看到一种回归传统和部族主义的倾向。……人们担心的是，在经济发展的过程中，民族身份、归属感和个人的意义正在逐渐消失。"① 在经济全球化过程中，文化身份日益受到关注，基于文化价值理念的不同而引发的矛盾和冲突也日益明显。尽管当今世界的发展并非如亨廷顿所言的文明之间剧烈的冲突，但是文化身份在塑造国际政治格局，引发民族国家冲突等方面的影响日益明显。

近代中国现实地面临西方列强这一个外在的"他者"。由于双方实力悬殊，近代中国在与西方列强的博弈中，文化自信心明显不足，深陷文化认同、政治认同危机当中。经过新中国成立以来70多年的建设，特别是改革开放40多年来的发展，我国经济总量跃升到世界第二位，综合国力、国际竞争力、国际影响力迈上一个大台阶，国家面貌发生了历史性的变化。但是，在思想文化领域，与我国的国际地位相比，我们的话语权和文化影响力依然薄弱；与我国的经济地位相比，我们的文化软实力有待增强。在学术领域，"目前在学术命题、学术思想、学术观点、学术标准、学术话语上的能力和水平同我国综合国力和国际地位还不太相称"②。面对复杂而激烈的意识形态和价值观较量，中国作为社会主义国家，将长期面对西方遏制、促变的压力，意识形态领域中渗

---

① 联合国教科文组织，世界文化与发展委员会．文化多样性与人类全面发展：世界文化与发展委员会报告．广州：广东人民出版社，2006：7.
② 习近平．在哲学社会科学工作座谈会上的讲话．北京：人民出版社，2016：15.

透与反渗透、分裂与反分裂、颠覆与反颠覆的斗争必将长期进行下去。面对在话语权方面居强势地位的"他者"——西方，我们迫切需要有效应对意识形态的渗透、分裂和颠覆，巩固主流意识形态的地位；迫切需要讲好中国故事，传播好中国声音，让世界了解和认同我们倡导的价值理念，塑造和传播社会主义中国的良好形象。我们必须高度重视多元、多样的社会思潮、价值观念对价值观形成过程中的青少年的影响，有效传播社会主流意识形态和主导价值观念，摈弃不良思想观念。

二、现代性导致价值断裂与价值流动

认同是客观因素与主观因素双重建构的结果。外在环境的变化必然催生认同主体主观认识和主观感受发生某种程度的改变；反过来，认同主体发生变化的程度和广度对于认同对象又产生深刻的影响。认同危机的出现、新的认同对象和归属感的确立，无非就是主客观因素相互作用的结果。

严格说来，认同问题的出现是一种现代性现象。在传统社会中，尽管人们也对特定的政治统治、价值理念产生质疑，但作为一种渗透到社会各领域、各层面的广泛现象，认同问题却是现代性的产物。认同的目的在于寻找确定性，获得本体安全，但认同的发生源自社会生活的流变、稳定感的打破。认同问题的发生与非确定性密切相关，在相对封闭、繁荣和稳定的环境里，通常不会产生认同问题。"只有面临危机，身份才成为问题。那时一向认为固定不变、连贯稳定的东西被怀疑和不确定的经历取代。"① 现代性所带来的流动多变、价值断裂的世界恰恰是引发价值认同问题的根源。

在传统社会，家庭、邻里、公社等共同体构成了个体信任感和安全感的稳固支撑。已逝的祖先、当下的人们、尚未出生的后代，通过血缘将家族的过去、现在和未来紧密联系起来，构筑起个人信赖的社会安全网络。在传统社会中，人口的迁徙、商人和冒险家的长途旅行尽管比较常见，但对于普通人而言，大规模的、频繁的迁徙或更换生活工作场所，却是比较少见的。人们的交往大都限定于特定的地缘共同体之内，在其中过着日出而作、日落而息的生活，与周围的邻人有着面对面的交流。前现代这种共同体"既是本体性安全的焦点，也有助于本体性安全的构成。"② 生活于特定共同体中的人们，都有专属于自己阶层的美德体系，通过前辈的教导和社会的礼仪教化，每个人清楚地知道自己在社会体系和价值链条中的位置。众多繁杂的等级标志弥漫于整个社群共同体的外在生活。它赋予一个人稳固且无可逃遁的身份认同，一个人可以确切地知道他是谁，以及别人对他的期望是什么③。这种外在的、先赋性的社会角色使自我获得稳定的认同感。

现代化作为一种颠覆性的力量，对传统的东西进行着彻底涤荡，将不确定性带入人们的日常生活之中。置身于流动的世界中的人们再也体验不到传统社会那种年复一年、宁静不变的感觉。科学技术的日新月

---

① 拉伦．意识形态与文化身份：现代性和第三世界的在场．上海：上海教育出版社，2005：195.

② 吉登斯．现代性的后果．南京：译林出版社，2000：90.

③ Gellner E. Conditions of Liberty：Civil Society and Its Rivals. New York：Allen Lane/Penguin Press，1994：7-8.

异，生产力的迅猛发展，使人们的生活发生着翻天覆地的变化。四季仍然轮回，昼夜依然交替，但自然而然的生活很大程度上被人为的力量所改变。休息时间不再等同于黑夜，夜间的生产生活丝毫不逊于白昼；农闲时节不再等同于冬季，冬季生产的忙碌程度丝毫不亚于春夏。线性的进步取代了封闭的循环，"时间就好像高速公路一样，展现在我们眼前，从遥远的过去，穿过现在，通向未来"①。

历史发展到今天，"万物皆流，无物常在"的观念已广为现代人所接受。现代人日益明显地感受到当代社会流动不居的现实：资本冲破国与国的界限，在全世界范围内自由流动，所到之处，田园诗话般的宁静与祥和被机器的轰鸣所取代；人类从自然的主宰中解放出来，理直气壮地成为大自然的主人，自然的神秘面纱被揭除，成为人类宰制的对象，被彻底地祛魅化了；大规模的劳动力大军从相对封闭的农村走向开放的城市，成为当代大工业生产中一道蔚为壮观的景象；个人走出狭小的共同体，个体对共同体的物质依赖和人身依赖消除了，由共同体的庇护所带来的安全感消除了，个体在市场经济，在全球化的漂泊中深陷于认同焦虑之中。

现代人置身于其中的是一个变化的世界，面对的是一个价值断裂的时代。现时代的人们更能深切地体会到马克思、恩格斯在《共产党宣言》中所做的经典概括："生产的不断变革，一切社会状况不停的动荡，永远的不安定和变动，这就是资产阶级时代不同于过去一切时代的地方。一切固定的僵化的关系以及与之相适应的素被尊崇的观念和见解都被消除了，一切新形成的关系等不到固定下来就陈旧了。一切等级的和

---

① 托夫勒.第三次浪潮.北京：生活·读书·新知三联书店，1984：168.

固定的东西都烟消云散了，一切神圣的东西都被亵渎了。"① 发展、变化、解放、破坏、重建，外在的疯狂占有、内心的骚动不安这些矛盾的、扭曲的、断裂的现象充斥于现代。一切不再照旧，生活需要重新开始，每个人追求自己的、差异性的、标新立异的存在。现时代的人们"深受感觉的缺乏、边界的模糊、顺序的杂乱、逻辑的无常与权威的脆弱等诸多困扰"②。认同焦虑成为现代人面临的突出问题。

三、社会转型带来差异性和多样性扩张

认同具有"同一性"的含义，既表示两个事物之间的相同或同一，也表示同一事物在时空跨度中所体现出来的一致性和连贯性。自我"同一性"或社会"同一性"的实现，有赖于自我或社会内部拥有一种主导性的因素，从而将各种差异性的力量有效统合起来。

传统社会植根于自然经济基础之上。自然经济以家庭为生产单位，规模小，分工协作程度低，产品的生产和消费基本上是为了满足生产者的自身需要，资本的积累、扩大再生产并不存在。这对传统社会的劳动产生了深刻影响，使得社会扩大再生产的源泉——剩余价值——得不到有效积累。少量剩余劳动的分配被纳入政治轨道，并被优先用于等级制度的维护：保证官僚机构的运行；用于生产统治集团各个等级所消费的豪华物品，如宫殿、祠堂、庙宇、特权服饰等。与之相对应，传统自然经济条件下的精神生产也相对不够发达。精神生产领域在很大程度上是

---

① 马克思，恩格斯. 马克思恩格斯选集：第1卷. 2版. 北京：人民出版社，1995：275.
② 鲍曼. 后现代性及其缺憾. 上海：学林出版社，2002：151.

由少数人独占的。由于受社会资源匮乏的限制，识字、写作属于少数人的特权，大众教育和文化普及在古代社会中是难以想象的。劳动人民尽管通过神话、传说、民间故事创造了丰富多彩的文化，但是他们往往与科学、艺术、哲学等自觉的精神活动成果的生产、享用或消费关系不是很大。知识阶层的文字创作容易形成一套文化系统，这套系统有别于民间，或者所谓村落族群、乡里社会的文化形式。由"士大夫"阶层主导的"高级"文化与在普通民众中流行的"民间文化"之间形成了高低分明的等级秩序。这套"高级"文化构筑了一整套通贯宇宙和人间事物的整体性的学说，为政治统治的合法性辩护，并获得政治的强有力支持。这样，在传统社会中，经济、政治、文化、社会等各领域之间尚未分化，缺乏自主性，社会的整合依靠自上而下的政治力量的强制。

与传统社会诸领域合一的状况不同，在现代社会，经济、文化、社会诸领域从政治的宰制中获得独立，各领域通过功能的分化和有机互补实现"有机团结"。在现代社会，以追求实利为导向的经济活动获得了与政治活动平等的地位，从事经济活动与从事政治活动一样，都具有同等的尊严和价值。传统社会横亘在士大夫和商贾之间的价值高低序列被打破了。不同的领域也各自有着自身追求的特定价值，在政治领域，人们追求的主要是"正义"，在经济领域人们追求的主要是"公平"和"效率"，在文化领域人们追求的主要是"自由"和"个性"等等①，每个领域追求的价值在其他领域中往往难以适用，各领域不需要也不可能接受其他领域的价值来约束自身，相反，所需要的是从自己内部生发出的具体规范。

---

① 贺来．"道德共识"与现代社会的命运．哲学研究，2001（5）：24-30.

社会诸领域的分离，各个领域不同的价值追求，使得"没有一种教条可以被无限制地提升到神圣的地位而独自整合社会秩序。政治权力的地位就像其他活动或工作的位置，是轮流更替的，它无法获得无与伦比的报酬。"① 如此一来，任何一种生活方式，任何一种价值理念，只要不违反法律规定都有其存在的意义和价值。那种力图通过自上而下强行贯彻"元叙事"获得价值共识的方式，已经不再适用于现代社会。相反，不同价值理念之间的理性交往和沟通成为现代人的选择。无疑，价值多元化为人们的价值选择提供了充分自由。但多种竞争性价值观念的存在，也使人们面临着价值认同的万花筒。认同的万花筒在客观上分散着人们价值选择的注意力，人们的文化价值认同因此也容易失去焦点。

具体到中国，当代中国社会呈现出明显的"多样化"特征：经济成分和利益多样化、社会组织形式多样化、社会生活方式多样化、就业岗位和就业形式多样化。多样化的社会现实促进了多样化价值观念的生成。随着经济体制的深刻变革、社会结构的深刻变动、利益格局的深刻调整，人们在思想认识上的独立性、选择性、多变性、差异性将会进一步增强，思想领域日趋多元、多样、多变，各种思潮此起彼伏，各种观念也交相杂陈，不同价值取向同时并存，彼此之间甚至发生矛盾和冲突。确立全体社会成员认同上的最大公约数，增强社会主义意识形态认同，汇集共识，有效引领和整合复杂的社会思想意识，避免因利益格局调整可能带来的思想对立与混乱，显得十分迫切。

---

① Gellner E. Conditions of Liberty：Civil Society and Its Rivals. New York：Allen Lane/Penguin Press，1994：188.

四、价值选择自主性的增强

在传统社会中，每个人的社会地位是既定的。个人并不是独立的社会个体，而是依附于家庭、家族或其他社会共同体之上的"成员"。个体的存在与整个共同体或生活的群落有着密切的联系，人的一生都是由外在的东西规定好了的。每个人的一生几乎不离开自己生活的土地，他的生命世界被局限在生活群落和阶层身份的范围之内。对于每个人而言，社会的身份就像自己的肉体一样有机和自然。尽管朝代不断更替，人也生老病死，但是在前现代人的眼里，社会的发展不过像自然界万物的生长衰亡、日出日落一样自然。每个阶层都有自己特定的美德体系，通过礼仪教化，每个人也十分清楚地知道自己在这个固定链条中所处的位置。一个人通过认识到他在这个系统中的角色来认识他自己是谁，认识到他应该做什么，认识到其他角色处于什么位置。对于传统社会条件下的价值观念与自身身份的密切关联，盖尔纳（Gellner）论述道：

> 在传统的农业社会当中，一个人的角色是稳定的，而且是与适合这个角色的仪式相协调的。它是内化与外化兼具，同时更是深入于一个人的灵魂之中的。众多繁杂的等级标志弥漫于整个社群共同体的外在生活。它赋予一个人稳固且无可逃遁的身份认同，一个人可以确切地知道他是谁，以及别人对他的期望是什么。他可以自我确定其认同的可能性是微乎其微的。[①]

[①]　Gellner E. Conditions of Liberty：Civil Society and Its Rivals. New York：Allen Lane/Penguin Press，1994：7 - 8.

这样，在古代人那里，个体自由的观念是不存在的。对于现代人而言，自由是人的天赋，是人不可剥夺的能力和行为方式。这种对于现代人而言可谓理所当然的事情，在古代人的视野当中却难以理解。在古代人看来，自由就是按照自然固有的法则来行事的一种方式。对于西方中世纪的人而言，"自由"一词往往所采用的是一种复数的形式，它的意思并不是独立自主，而是被归入某一系统的特权，是在上帝面前和人面前应占据的位置。在传统中国社会，真正的自由从未实现过。尽管在中国传统哲学的许多流派当中，自由也被广泛提到，例如，道家学派就提倡个体的自由。但是，这种自由，并不是个体表现于社会关系当中的行动自由，更多的是一种精神的自由，崇尚和强调的是人的自然本性。并且这种自由往往是"以曲求全""处弱用柔""不谴是非"，进而表现出一种随波逐流、随遇而安的精神自由情态。

在整个传统社会当中，社会是一个人人各司其职的有机体，每个人的身份和角色都是固定的。每个个体自出生之日起，就处在一个固定的、有条不紊的阶梯化、系统化的关系网络当中。婴儿一降生到世间，他（她）不仅处于父母的管教和影响之下，而且还处于整个大家族的影响和控制之中。固定的社会地位同时也规定了个人行为的具体细节。"每一个人都占据分给他的位置，他必须依此行事。他所扮演的社会角色预先规定了他的行为的整个'脚本'，很少留有独出心裁和打破常规的余地……一举一动都被赋予象征意义，必须遵守公认的格式，按照既定的形式进行。"① 也正因如此，任何游离于既定秩序之外的行为方式，

---

① 科恩. 自我论：个人与个人自我意识. 北京：生活·读书·新知三联书店，1986：129.

都会招致怀疑和谴责。价值反思、价值批判、解构权威，这些在现代社会中常见的事情，在缺乏个性与自由的传统社会是难以被容忍的。

个人的内在情感体验、价值追求，也无不与外在秩序保持高度一致。价值选择绝不是自由的事情，对"善"的理解也绝不可能私人化。在古代社会当中，与自我观的形成具有高度相关性的人格概念并不存在。在中世纪，动词"丧失人格"（dispersonare）并不是指丧失个性或心理崩溃，而是指丧失地位、荣誉、资格和等级身份。[①] 因此，在这里，人格并不具有指称自由权和人格权的含义，不具有追求自由个性的现代意义，它更多的是与人的身份、与其在整个社会系统中的地位密切相关。也正是在这一意义上，我们可以看到，"封建社会的个体首先是通过他对一定社会群体、亦即他对他的'我们'的从属性而意识到自己的。"[②] 无论是古希腊的城邦共同体、中世纪的宗教天国，还是中国几千年的封建社会，个体意义感的寻求和稳固基础的获得，更多的是在一种先在的、稳定的政治和社会框架中进行的。处于稳定秩序当中的个体，通过它在秩序中所处的环节而获得自己的身份、价值追求和意义感。

在现代社会，个体拥有一个不受外在专制权力干预的私人空间。这一空间构成了对外在力量"说不"的边界。外在的力量，包括来自其他个体、国家和社会的力量，可以无限制地朝这一边界靠近，但绝不能逾越该边界，否则就对个人自由构成侵犯。如此一来，公共权力对私人生活全盘控制的可能性消失了，个人自由与国家权力之间具有相对清晰的

---

① 科恩. 自我论：个人与个人自我意识. 北京：生活·读书·新知三联书店，1986：131.
② 同①133.

界限，公权的运作受到法律的严格限制，任何人也不能借公共利益之名侵犯他人的自由。

与公共领域相比，私人领域是由个体自由决定的领域。在这一领域，个体追求什么样的价值，选择什么样的生活方式是完全自由的。只要不违反法律规定，个人的活动就不应该受到任意限制。与公共领域的开放性相比，私人领域也是一个私密之地，它不为全体社会成员所共享。隶属于私人领域的个人道德，"是在满足社会道德要求或不违反社会道德规定的条件下，经由自我选择的个人特殊的生命理想，所构成的道德自我期许和自我约束，这部分的道德原则由于是自我设定的，所以不能普遍地适用于每一个人；换句话说，任何个人都可以选择自己独特的道德理想，所以他的道德标准不必然为其他人所共享。"[1] 相对于义务和责任的普遍强制性，一个美好的社会所展现出来的德行，亦即个人道德，基本上取决于个体的自我选择。对的原则（principles of right）不能任由个人选择而为社会强行要求，善的观念（conceptions of the good）却是私人的，现实中的每个个体在按照自己的理解追求自己的善的观念。因此，在遵循社会道德，遵从公共领域中的善的前提下，私人领域的个人道德表现出极大的不同，也没有一个可以衡量的公共标准。私人空间的存在，使得价值、信仰成为个人的事情。从个体的角度对价值作出富有个性化的理解和诠释，成为现代社会的一个显而易见的事实。

五、个体价值反思能力和批判能力的提升

价值的个人化意味着价值怀疑主义是现代社会的一种常态。当外在

---

① 林火旺. 正义与公民. 长春：吉林出版集团有限责任公司，2008：96.

的东西都放置到自我的这一法庭上来进行评判时，所有的一切都成了自我批判、质疑和解构的对象。

(一)"圣人"、"经典"和"宏大叙事"

价值怀疑的一个重要表现就是对价值权威进行解构。在一般意义上，权威是指在社会生活中靠人们所公认的威望和影响而形成的支配力量。权威可以是神，可以是人，也可以是抽象的法律或对人类共同生活的某种理解。权威和权力有别，权力是一种强制力量，权威的树立，不是通过暴力威胁强制实现的，而是通过教育、传承、劝导等方式使人们对之自愿认可而实现的。也正因如此，权威通过令人信服的威信、影响、声誉发生作用，它是一种"成功的命令或嘱咐"。

价值权威不是天然存在的，而是通过一系列的方法建构起来的。在传统社会中，价值权威的确立总是和"圣人""经典""宏大叙事"这些外在的形式密不可分。综观历史上几大文明的发展初期，我们可以看到，价值权威的确立离不开一个"卡里斯马型"圣人的存在。"这些伟大的先知以他们非凡的人格力量与深邃智慧，把人类的基本价值和文化的早期积累凝结为系统的文献形式，取得了经典的意义。"[1] 先知的箴言经过后世的系统阐发，形成了一整套占统治地位的话语系统。相比起普通人，那些具有超凡特质的"圣人"往往被大众认为具有特别的美德和神圣性，人们相信，他们那个时代的一系列行为模式、思想观念、角色、制度乃至象征符号，都与那些"终极的""决定秩序"的超凡人物

---

① 陈来. 价值·权威·传统与中国哲学. 哲学研究，1989 (10)：26-32.

相关。这些伟大的人物经过世世代代人们的不断诠释，披上了一层又一层神秘的面纱。在历史的延续中，他们的神秘感、神圣性不断被强化，他们的训诫也取得了绝对的权威，富有德性和教养的人们必须遵从这些圣人的教诲。此之谓"圣人，百世之师也"。

经典往往出自圣人之手，圣人地位的确立往往离不开经典之作的流传。后来的人们更多地通过阅读经典来领悟圣人的教诲。正因如此，圣人之高尚人格的确立往往离不开人们对传世经典之作的品味。相比起一般的作品，经典具有典范性、权威性、神圣性的特点。经典不仅仅指历史上流传下来的、以语言文字或其他符号形式存在的文本，更指这些文本体现出来的制约、规范人类思维、情感和行为的文化、道德与政治力量。也正因如此，在每个民族的文化传统中都存在确立其精神信仰和价值归依的经典之作。例如，在中国传统文化中，"四书五经"作为经典书籍，为人们提供了一套完整的价值理想、行为规范、人格标准和实践方法，是上至帝王将相，下至黎民百姓治国、修身、立德的根本依据。

圣人和经典的地位一旦确立，解经释经就成了一项极其重要的任务，它在一定意义上被看作传承和发扬价值传统的基本方式。在传统社会，由"士大夫"阶层所主导的"高级"文化系统当中，价值的自我创造往往被忠实地解释经典所束缚，完整而准确地理解经典成为主流。所以我们可以看到，在传统社会中，思想自由、良心自由是很缺乏的，一代又一代的文人皓首穷经，在阐释经典时小心谨慎地发表自己的些许看法。一代又一代的文人在阐发圣人和经典的过程中，也获得了一条晋升至社会特权阶层的途径。在中国古代，研读四书五经，不仅是提升个人文化修养和道德修养的基本途径，也是广大儒生学子进入仕途，获取政治权力的基本方法。而当这些知识阶层与政治权力相结合时，他们为政权构筑起一套通贯宇宙天地与人间事务的全盘性学说，以合理化社会的等级结构安排。如此一来，圣人的特定人格魅力、经典的至高权威建构起一整套的叙事话语，论证和强化着政治权力的合法性。

（二）告别权威和崇高

如果深入分析一下，我们可以看到，传统社会所建构的那种全盘性学说实际上隐含着一种强烈的精英主义情节：价值权威的建构需要圣人来完成，那些文人阶层即圣人话语的诠释者才是整个价值体系的真正建构者，来自民间的习俗、禁忌、规约等要么被经过改造以后纳入这一正宗的体系之中，要么将被排除于正统理论体系之外仅仅成为人们自娱自乐、自我欣赏的东西，难以与"高级"文化系统进行平等的对话。

但是，在现代社会，全盘性学说所赖以存在的基础不复存在了，其建构方式也受到了质疑。与古代社会知识高度集中相反，现代社会知识出现了高度的分化。现代教育是一种大众化的教育，而非精英主义的教育，每个人所受教育的程度大大提升，使得知识不再过度集中于少数人的手里，没有任何一个人可以做到上知天文，下知地理，通晓世间万物。知识的高度分化，使得每个人在各自领域成为专家的同时，也在其他领域成为门外汉。这样一来，传统社会条件下那种知识高度垄断的现象不复存在了，亚里士多德式的百科全书式人物不见了，每个人的生存和发展必须依赖其他人提供的知识作后盾。同时，现代社会是一个在客观上"造就平庸"的社会。按照现代社会的法治原则，任何人只要不违反基本的法律，他的行为都可以允许存在，因而即使是一种平庸的观念和生活方式，只要不违反法律，都有存在和发展的空间。那种理想化的人格尽管也是现代人希冀的对象，但已不是大众所必须实现的目标。也正因如此，传统社会那种通晓世间万物、具有超人智慧和崇高人格的圣人难以寻觅，现时代在某种意义上说是凡人的时代，那种依靠圣人的独特魅力建构起来的传统价值体系因而受到巨大的冲击。在现时代，权威的塑造面临前所未有的挑战。信息获取方式的多样化和便捷化，使一些典范人物被"祛魅"，笼罩在他们头上的光环被稀释或消解。特别是随着后现代文化的出现，解构权威似乎成为一种时尚。在解构价值权威的过程中，告别崇高似乎成为时尚，一切似乎都是短暂的，没有什么恒久的价值。在种种解构之中，伟大人物被庸俗化和矮化，经典文本被随意拆装和组合，严肃庄重的话语被嬉笑，在激进的价值解构当中，神圣感和崇高感不复存在了。对于这种现象，王蒙先生曾忧心忡忡地描绘道：

> 绝对不自以为比读者高明（真诚、智慧、觉悟、爱心……）而且大体上并不相信世界上有什么太高明之物的作家和作品，不打算提出什么问题更不打算回答什么问题的文学，不写工农兵也不写干部、知识分子，不写革命者也不写反革命，不写任何有意义的历史角色的文学，即几乎是不把人物当做历史的人社会的人的文学；不歌颂真善美也不鞭挞假恶丑乃至不大承认真善美与假恶丑的区别的文学，不准备也不许诺献给读者什么东西的文学，不"进步"也不"反动"，不高尚也不躲避下流，不红不白不黑不黄也不算多么灰的文学，不承载什么有份量的东西的（我曾经称之为"失

重"）文学……①

如此一来，精神的、超验的追求在世俗生活中成为嘲讽的对象，曾经激起人们无尽热情的崇高感伴随着轻浮的调侃而烟消云散。

第三节

增进青少年价值认同的原则

确定感的匮乏越发凸显确定性的重要，价值权威受到质疑的情形越发需要重塑价值权威。时代的新变化不是要求我们放弃价值认同，而是要求我们以适应时代要求的新方式方法确立价值认同。价值观教育是教育的应有之义，寻求价值认同是教育的重要目标。我们需要认识到，认同给人以方向感，缺乏价值认同，个体的本体性安全和社会稳定就难以实现。价值多元化、不同价值观念的存在，并不表明现代社会是一个杂乱无序的社会。秩序是人的基本需求。现代人需要的自由是有秩序的自由，需要的秩序是自由的秩序。现代社会需要实现自由和秩序的有效统一，使个体在充分享受自由的同时，获得稳定感和安全感，使整个社会不因价值多元化而失序。同时，我们也需要充分认识到价值观教育开展

---

① 王蒙．躲避崇高．读书，1993（1）：10－17.

的现代性语境。现时代是个体理性反思能力高度提升的时代，现时代的价值观教育不能采用简单灌输的方式；相反，需要充分尊重个体的理性反思能力，允许、鼓励人们对相关的价值观念，甚至是冲突的价值观念予以充分的理解和反思，并在此基础上做出理性的、审慎的选择。价值选择是人的自由，保持价值观念的多样化是人们获得这一自由的前提。在不违背法律，保证社会秩序的前提下，要让不同的价值观念都有展示自己的机会，让不同的价值观念保持理性的对话和沟通，从而使人们获得一种反思性的价值认同。基于此，增进青少年价值认同应把握相应的原则。

一、传播主流价值观念

教育与价值观紧密相关，任何教育都具有不同程度的价值渗透和价值追求，那种所谓纯粹客观中立的知识讲授是不可能的。教育带有鲜明的政治性和目的性，是国家传播主流价值观的主渠道。"学校无论使用旧方法还是使用新方法，都旨在强迫学生接受适量的、统治意识形态隐匿其中的'专门知识'（法文、算术、博物学、科学知识和文学），或者干脆就是提纯的统治意识形态（伦理学、公民教育和哲学）。"[1] 以所谓的国家中立性原则对价值观教育的合法性提出质疑是不成立的。国家中立性原则是自由主义的一项基本原则，这一原则要求"必须在什么可以被称为好的生活的问题上，或在什么能使生活具有价值的问题上保持中立"[2]。

---

[1] 阿尔都塞. 意识形态和意识形态国家机器. 当代电影，1987（3）：98-110.

[2] Dworkin R. A Matter of Principle. Cambridge：Harvard University Press，1985：191.

也就是说，在涉及人们关于不同的善的理解和追求时，政府必须保持中立，对于何种生活方式更有意义和价值不作评价。自由主义担心的是，如果在事关终极问题上作价值观高低的排序，会引发公共领域的持续动荡，政体将被派别纷争和仇恨所危及。自由主义的这一借口没有道理，不能成为质疑传播主导价值观和确立主流意识形态的理由。

现代国家承担着传播主流意识形态、建构主导价值观念的职责。在教育的过程中，教育工作者除了对各种思想流派予以客观地讲解和分析外，还需要对人们进行有效的价值引导。对一些特定的价值观念予以阐述是一项基础性工作，但不是工作的全部。教育工作者还需要对价值观念的优劣做出评判。教育有其鲜明的政治立场和政治导向，对于何谓正确、何谓错误，哪些观点应该坚持和倡导，哪些观点应该摒弃和抵制，立场必须鲜明。

在具体的教育实践中，应该让学生对不同的价值观流派予以了解，这是培养和锻造其基本价值品格的前提。但是，仅仅对不同的价值观念加以理解是不够的，还需要引导学生对其做出理性的反思批判。牢牢掌握话语的主动权不是一句简单的口号，而是实实在在的行动。认同与叙事密切相关，在认同的建构过程中，话语作为特定的叙事方式发挥着重要作用。众所周知，话语不是中立的，它与权力紧密结合在一起。在任何社会，话语一旦产生，就受到若干程序的控制、筛选、组织和再分配。没有纯粹的、不计功利的话语，存在的只是权力制约下的话语，在一定条件下，话语本身可以转化为权力。要重视话语的规范、选择、过滤功能。在各级教育中，国家凭借强大的力量，对课程内容进行特定的选择和编排，以确定哪些内容可以进入教科书。世界各国特别是多民族国家的教科书，均强调民族团结和融合。"在绝大多数情况下，认同都是建构起来的概念。人们是在程度不等的压力、诱因或自由选择的情况下，决定自己的认同。"① 在建构认同特别是价值认同的过程中，国家必须牢牢把握议题设置权、话语主导权，必须掌握好政治导向，这一点毋庸置疑。

教师不仅是知识的传播者、智慧的启发者，更是精神的熏陶者、人格的影响者和特定价值观的体现者。众所周知，教师职业的主要任务是教学。在英语词典中，"teaching"的解释义是"pedagogy"。而"pedagogy"这个词语来源于拉丁语"pedagogue"，其本义指的是担任监护任务的奴隶或者卫士，其主要职责是指引（agogos）孩子（paidos）去上学。从这个意义上讲，教师就是学生的引路人。"带路确实是一项非常重要的任务和职责，带路人必须将孩子带好，要明确你要将他们带到何地，要承担有可能会误人子弟的精神重负。……在这里，师生的关系中有一个基本的承诺：我始终在你身边，正确地保护你，我是为你的，你可以相信我。"② 这种承诺包含着深刻的意味，远远超出了单纯的"教学"（teaching）。正因为教师承担着为学生引领方向的重任，柏拉图在《法篇》中指出："任何以财富、身体的力气，以及其他与理智和正义无关的事物为宗旨的训练，都是粗俗的、不雅的，完全不配称作教育。""教育乃是从小在学校里接受善，使之抱着热情而又坚定的信念去成为

---

① 亨廷顿. 我们是谁：美国国家特征面临的挑战. 北京：新华出版社，2005：21.
② 曹永国，母小勇. 什么是教师?：一个始源上的疏证. 教师教育研究，2012（2）：40.

一个完善的公民，既懂得如何行使又懂得如何服从正义的统治。"① 当然，我们很难完全赞同柏拉图对教育的这种看法，因为在今天，类似技艺的学习这些事情也是教育应该包含的内容，特别是对于职业教育而言更是如此。但柏拉图对教育过程中善的养成的强调，还是具有很强的启示意义，他实际上指出了教育中学生灵魂塑造的重要性。也正是基于同样的认识，16 世纪法国人文主义思想家蒙田（Montaigne）指出："在为孩子选择导师时要非常小心谨慎，我宁愿推荐一位心神镇静、稳健的导师，而不愿推荐一位头脑塞得满满的人。……我还是喜欢有智慧、有判断能力、习惯文雅和举止谦逊的人，而不喜欢空空洞洞、只有书本知识的人。"②

在中国文化当中，对教师的认知和期望同样有着丰富的道德意蕴，比如终生授徒、有教无类、文行忠信、以身作则、学而不厌、诲人不倦等。春秋时期，孔子创办私学，广收门徒，创立了许多有关师德方面的理论，并以《论语》一书集中反映了出来。其中，"默而识之，学而不厌，诲人不倦，何有于我哉？"体现了一种有关"学""诲"的师德；"其身正，不令而行；其身不正，虽令不从。"体现了一种"以身作则""言传身教"的师德。孔子之后的思想家对师德体系做了进一步发展。如荀子在强调教师要以身作则的同时，又提出教师需要具备的四个基本条件："尊严而惮""耆艾而信""诵说而不陵不犯""知微而论"，实际就是在德行、信仰、能力、知识等方面对教师提出了更高的要求。汉代

---

① 柏拉图．柏拉图全集：第 3 卷．北京：人民出版社，2003：389.
② 蒙田．论儿童的教育//华东师范大学教育系，杭州大学教育系．西方古代教育论著选．北京：人民教育出版社，1985：376.

董仲舒把"三纲五常"作为师德的核心要求，他说的"善为师者，既美其道，有慎其行"，指的就是教师道德品质、知识才干、言谈举止等方面的要求。唐代的韩愈将师德列于对教师要求的首位，云"弟子不必不如师，师不必贤于弟子，闻道有先后，术业有专攻，如是而已"。南宋时期，朱熹提出把"博学""审问""慎思""明辨""笃行"作为教师的道德规范。明末清初的王夫之则认为"德以好学为极""欲明人者先自明"，对教师自身的德行和知识做出了明确的要求。可见，教师这一职业从诞生至今，一直饱含着深厚的道德意蕴，教师的职责绝不仅仅局限于使学生掌握多少公式、多少概念，而是要引导他们求真、向善、爱美。从这个意义上说，教师本身就应该是社会道德的体现者，由此，我们也就不难理解师德对于教师的重要性。

作为学生社会化过程中的引领者，教师的言行对学生政治理想的引导、价值观的塑造、道德观念的形成产生重要影响。在价值多元的现代社会，引导学生形成正确的政治观和价值观，更是教师不可推卸的责任。教师需要把握价值引领的正确方向。课堂，不是任意发牢骚的场所，不是演说家随意演说的舞台。从某种意义上说，教师和学生的知识是不对称的，教师在自己的专长领域中拥有更多的知识，如果教师出于某种目的而刻意传授某种不合适的观念，学生是难以对其做出有力的反驳的。也正因如此，对于教师而言，"如果他不尽教师的职责，用自己的知识和科研经验去帮助学生，而是趁机渔利，向他们兜售自己的政治见解，我以为这是一种不负责任的做法。"① 坚持正确政治方向，遵守

① 韦伯. 学术与政治：韦伯的两篇演说. 北京：生活·读书·新知三联书店，2005：38.

宣传纪律，站稳政治立场，是一名合格教师应该具备的基本素养。

二、不断增强价值观教育的说服力和感召力

"理论只要说服人［ad hominem］，就能掌握群众；而理论只要彻底，就能说服人［ad hominem］。所谓彻底，就是抓住事物的根本。"①一种理论体系能否打动人，关键在于它是否科学，它的逻辑是否严密，它的论证是否透彻，它能否经得起理论的质疑和实践的检验。

理论要富有说服力，首先要逻辑自洽。逻辑自洽性体现为理论体系的"若干个基本假设之间，基本假设和由这些基本假设逻辑地导出的一系列结论之间，各个结论之间必须是相容的，不是相互矛盾的。"②逻辑的自洽性不是静止的，而是动态的，它要根据实践的需要不断进行自我调整，以便使理论体系能够有效地适应变化了的现实。也就是说，价值观念的有效性表现为它不是封闭的教条，而是开放的理论体系，具有理论弹性和现实适应性。"我们的理论是发展着的理论，而不是必须背得烂熟并机械地加以重复的教条。"③一个不能接受新思想新观念、不能进行自我反思自我批判的理论体系，将会在自我封闭、故步自封中失去生机和活力，最终被人们淘汰。价值观教育要富有说服力，需要对现实保持高度敏感性。问题是时代的声音。一个落后于现实乃至违背现实的理论体系，不仅不能发挥理论的先导作用，相反，还会阻碍现实的发展。当代中国社会正发生着巨大变化，当代中国人的生产生活方式、价

---

① 马克思，恩格斯.马克思恩格斯选集：第1卷.2版.北京：人民出版社，1995：9.
② 陈殿林.论社会主义核心价值体系的自洽性.长江论坛，2007（3）：9.
③ 马克思，恩格斯.马克思恩格斯选集：第4卷.2版.北京：人民出版社，1995：681.

值观念正在经历着巨大的变革。时代在发展，理论需要不断创新，价值观教育必须正视和有效回答其所面临的时代问题。只有以创新的理论为支撑的价值观教育，才具有真正的生命力。我们在开展价值观教育的过程中，必须提高自身对现实问题的敏感性，提高对问题的应答能力。能够直面问题、分析问题、抓住事物根本、做出科学回答的理论，才具有活力，才能够获得学生的认同。

价值观教育要具有说服力，还需要具备自我反思、自我批判的精神和勇气。马克思指出："新思潮的优点又恰恰在于我们不想教条地预期未来，而只是想通过批判旧世界发现新世界。"[①] 在马克思看来，自我批判与革新是批判者应该具有的品质，理论研究者必须具有不惧怕对自身理论进行革新和批判的勇气。在马克思看来，"如果我们的任务不是构想未来并使它适合于任何时候，我们便会更明确地知道，我们现在应该做些什么，我指的就是要对现存的一切进行无情的批判，所谓无情，就是说，这种批判既不怕自己所作的结论，也不怕同现有各种势力发生冲突"[②]。在价值观教育工作中，我们必须坚持马克思主义的基本立场、基本观点，与此同时，我们也应该对自我进行建设性的反思和批判。"我们过去往往批判别人，而对自己的不足反而忽视或遮掩，这不仅使我们的理论丧失了解决问题的穿透力，而且也使公信力受损。实际上，只有以自我批判的态度，才能真正重建建设性批判，才能避免破坏性的外在的批判。"[③]

---

①② 马克思，恩格斯 . 马克思恩格斯全集：第 47 卷 . 2 版 . 北京：人民出版社，2004：64.
③　韩震 . 如何彰显马克思主义的魅力 . 北京日报，2015 - 11 - 02.

　　价值观教育工作的效果与受众的切身感受紧密相关，受众的切身感受是价值观教育成功与否的最根本评判标准。人们的感受既有精神层面的感受，也有物质层面的感受。在价值观教育中，对于这两种感受要同时兼顾。就第一个层面而言，要考虑受众的认知状况和心理体验。价值观教育需要对受众释疑解惑。习近平总书记指出，"凡是广大干部群众普遍关注的深层次问题，都要从历史和现实、理论和实践的结合上作出令人信服的回答。"①

　　价值认同教育是立足一定物质条件基础上的引导、动员、强化，否则就会流于空洞的口号，其成效将大打折扣。在现实生活中，人们对一种政治统治是否认同，与它能否保障人们的权利、实现人们的权利密切相关。保障和实现公民的基本权利，是现代政治的基本要求。现代政府必须保护人们的合法权利不受侵犯，需要采取切实有效的行动提升人们的福祉。为此，国家需要推进法治，保障个体的自由权利；不断完善各项民主制度，满足人们的政治参与诉求；创造公正的环境，确保人人平等；建立健全社会保障制度，为人们的生存和发展提供良好的条件。只有在国家利益与个体利益之间找到恰当的结合点，使人们切实感受到国家给予自己的福祉，才能够使人们对其产生高度认同感。因此，在价值观教育中，必须关注学生们的切身感受，着力解决其面临的实际问题。要将解决实际问题同解决思想问题结合起来，着力解决学生最关心、最直接、最突出的问题，要及时有效地解决他们学习上的困难、思想上的困惑、生活中的困窘、就业中的迷茫。只有将这些具体工作切实做好、

---

　　① 习近平. 在全国党校工作会议上的讲话. 北京：人民出版社，2016：17.

做细，才能真正做到以情感人。

三、不同价值观念应保持理性交流和沟通

认同是一个关系性概念而非实体性概念。认同感是自我在与他者的互动中形成的。"我们总是在与一些重要的他人想在我们身上找出的同一特性的对话中，有时是在与它们的斗争中，来定义我们的同一性。"[①]诠释一个人的身份，需要立足于与他者异同性的辨识的基础上。对某种价值理念的认同，同样也离不开对差异性的价值理念的理解，离不开不同价值理念间的互动。

价值多元的时代，人们在很多问题上难以获得绝对同一的看法，对于同一问题，人们也会从不同的角度表达自己的观点，这些观点之间很可能存在冲突。不同的价值观念也都有着数量不等的受众，都程度不同地获得受众们的支持。为此，应当遵循平等、真诚、宽容的原则，营造良好的舆论氛围，允许不同的声音存在，让每个公民在法律允许的范围内都可以自由地表达自己的观点。应包容差异，每一种价值观念，只要没有触犯法律，都有存在的权利，都有展示自身的机会。也正因如此，在价值多元化、信息获取便捷化的现时代，思想政治教育不是对某些价值观念、社会思潮的简单围堵，也不是将某些价值理念和社会思潮强行灌输到人们的头脑中。从某种意义上说，思想问题是最为复杂的。运动战式的围堵、填鸭式的灌输解决不了问题，透彻的说理和论证，润物细无声式的娓娓道来才能说服人。在这一意义上，价值认同的达成，取决

---

① 泰勒. 现代性之隐忧. 北京：中央编译出版社，2001：38.

于能否进行很好的论证，从理论上做出令人信服的说明，能否贴近受众的日常生活，使人感同身受。教师必须提高自身理论水平，能够对棘手问题作出令学生信服的回答，只有这样，才能使学生心悦诚服地接受和认可其传播的价值理念。为此，切实加强学术研究，对相关重大理论问题进行深入考察，作出有力的分析，是思想政治教育必备的功课。需要认识到，思想政治教育是有很强的理论含金量的，思想政治教师绝不是政治文件的传声筒或复读机，他们需要以深厚的理论研究为后盾，对政治、社会做理性的洞察，引导学生以科学的态度触摸社会的脉搏，锻造他们理性的、审慎的能力，提升其反思和批判水平，培养其对国家和社会的担当意识。

四、个体的理性反思能力要得到尊重和提升

"'认同'不同于简单的意识形态灌输或者角色安排，个人或者群体在'认同'方面具有较强的能动性和建构权力，能够对各种外在因素作出适当的'诠释'，作出接受（内化）或拒绝的选择。"[1] 在价值认同的建构过程中，认同主体不是被动的，而是主动性、选择性的。个体理性反思能力的提升是现代性的突出标志。任何政治社会制度的设计，只有经得起个体理性法庭的审视才能获得合法性，那种依靠强行灌输和压制来赢得民众认同的方式已成为历史。社会的良性运行，需要公民既要维护自己的权利，又要承担责任义务；既要保护好私人空间，又要有公共

---

① 李友梅，肖瑛，黄晓春. 社会认同：一种结构视野的分析. 上海：上海人民出版社，格致出版社，2007：5.

意识和公共精神；既要遵守社会的基本规范，又要对社会保有批判和反思的精神。所有这些，都需要富有理性审慎能力的现代公民的出现。价值观教育要传播主流意识形态，确立主导价值观念，但是这一过程应该是批判性、反思性的，学生不应该是被动的、被强行灌输的。学校是"科学运用理智之艺术"的学校，独立理解、自由思想的价值应该在学校教育中得到明确体现，理性、审慎能力的提升是学校教育应该坚守的品质。

为此，在价值观教育中，教师应尽量创设开放性的情境，设计开放性的题目供学生思考，引导他们从不同的角度审视问题。理论讲授要有层次性，不能用抽象的语言给少年儿童讲授过于深奥的道理，或者给理论层次高的大学生讲授简单的常识问题。教育要遵循受教育者的身心发展规律，对于不同年龄阶段的学生在讲授内容、讲授方法上一定要有差别，有侧重。各阶段的思想政治教育要有效衔接，教育内容在广度上要不断拓展，在深度上要不断提升，与学生不断扩展的生活、不断增长的知识、不断提升的理论水平和认知能力相契合，从而使各个阶段的思想政治课都富有新颖性和启发性，使学生充满好奇心。价值观教育应该立足受教育对象的实际状况，将学生的价值反思能力和批判能力提升到新的水平，使他们的价值认同感建立在理性的、审慎的基础之上。

第三章

社会主义核心价值观融入课程教材

学校是对学生进行社会主义核心价值观教育的主阵地。培育和践行社会主义核心价值观，必须从小抓起、从学校抓起。教育需要特定的媒介载体，其中教材就是最为重要的载体。在学校教育中，教材发挥着最为基础性的作用，是学校开展教育教学工作的基本指南和工具，也是学生进行学习的基本依据和用具。在实际的教育教学中，教材最直接的功能就是"教"与"学"，是服务于学校教育的重要教育工具和教育资料。任何学校都不能脱离教材而从事教育活动，都需要以教材为基本准则开展教学活动。因此，社会主义核心价值观在"进教材、进课堂、进学生头脑"的过程中，"进教材"是基础和前提，是开展社会主义核心价值观教育，促进青少年价值认同的基本方式及首要途径。

 第一节

课程教材的基本属性及功能

教材是全面落实立德树人根本任务、传播国家主流意识形态和核心价值的基本载体，具有政治性、文化性、知识性和教育性等特征，对于特定知识的传授和特定价值的传递具有其他文本不可比拟的优势。推进社会主义核心价值观进教材，开展价值观教育，对于全面落实立德树人根本任务、培养德智体美劳全面发展的社会主义建设者和接班人具有重

要意义。

一、教材具有意识形态属性，表达特定政治立场

政治性是教材的首要属性。建设什么样的教材体系，核心教材传授什么内容、倡导什么价值，体现着国家意志，属于国家事权。教育是教育者根据一定社会的要求，有目的、有计划、有组织地对受教育者的身心施加影响的活动，具有鲜明的意识形态属性。"古今中外，每个国家都是按照自己的政治要求来培养人的，世界一流大学都是在服务自己国家发展中成长起来的。"① 作为国家事权，任何国家在教材建设中都会把维护占统治地位的阶级的利益放在重要位置，并依靠国家公权对教材传播的价值理念加以审核。因此，教材体现着国家意志，承载着民族历史文化传统，通过知识观念的讲授，把国家主流意识形态和主导价值观念传播开来，从而培养国家所希冀的人才。"如何通过教材建设体现党和国家对人才培养的总体要求，体现党和国家在人才培养方面的意志和主张，真正培养出德智体美劳全面发展的社会主义建设者和接班人，这是教材建设的最大政治。"② 教材要以立德树人为目标，牢牢把握政治方向，引导学生坚定理想信念、厚植爱国情怀、加强品德修养、培养奋斗精神、增强综合素质，自觉为坚持和发展中国特色社会主义、建设社会主义现代化国家、实现中华民族伟大复兴不懈奋斗。

不论在国内还是在国外，教材的意识形态属性是确凿无疑的。美国

---

① 习近平. 在北京大学师生座谈会上的讲话. 人民日报，2018-05-03 (2).
② 田慧生. 新时代教材建设的若干思考. 课程·教材·教法，2019 (9)：4-6.

教育学者阿普尔（Michael W. Apple）深入研究了意识形态与教科书之间的关系，他从历史和当代两个角度去考察那些"规范的""合法的"文化与概念等知识是如何进入教材的。在他看来，教科书是文化资本分配和使用的过程和记录，深受政治权力和意识形态因素的影响。他明确表示，"正是教科书确定了什么才是值得传承下去的精华和合法的文化。"① 在现代国家，教材往往是由体现国家意志的中央或地方教育部门或教育机构统筹编写的。教育机构本身并不能生产知识，但它却可以运用自身的合法性对知识进行筛选，即掌握了教材编写的话语权，因而可以在知识系统中选取有利于宣传主流意识形态的内容进入教材。教材审定的重要目的之一是对不符合主流意识形态与价值标准的内容进行剔除。进一步说，教材的编写是国家事权，它必须体现国家意志，集中反映国家的意识形态和教育理念。并且，"在近代学校的发展过程中，教科书，尤其是义务教育范畴的教科书，完全由国家权力机构控制，体现出鲜明的政治性格和阶级性格"②。

社会主义核心价值观进教材表达了鲜明的政治立场，有助于确保人才培养的正确政治方向。通过教材编写体现党和国家对人才培养的要求，彰显国家意志，进而通过对教材的讲授，把国家主流意识形态和主导价值观念传播开来，培养国家所希冀的人才。"培养什么人、怎样培养人、为谁培养人"是教育的根本问题。我国是人民民主专政的社会主义国家，社会主义制度不容动摇，中国特色社会主义道路不容偏离。将

① 阿普尔，史密斯. 教科书政治学. 上海：华东师范大学出版社，2005：95.
② 钟启泉，崔允漷，张华. 为了中华民族的复兴 为了每位学生的发展：《基础教育课程改革纲要（试行）》解读. 上海：华东师范大学出版社，2001：188-189.

社会主义核心价值观融入教材，在大中小学校中广泛开展社会主义核心价值观教育，传播社会主流价值，有助于充分发挥社会主义核心价值观铸魂育人功能，引导广大青少年树立正确的世界观、人生观、价值观，培养一代又一代拥护中国共产党领导和社会主义制度、立志为中国特色社会主义奋斗终身的有用人才。

二、教材具有文化属性，承载着民族的历史文化传统

培养学生对国家、民族和文化的认同感，教材的作用不可忽视。世界上每个民族都形成了具有本民族特色、集中反映本民族精神气质的文化传统，彰显了特定的民族性格和民族风貌。教育是传承民族文化的主要手段，教材承载着民族的历史文化传统，深刻地反映着民族的文化和心理意识，具有鲜明的民族性和文化属性。教材建设是在特定的文化传统之中进行的，每个国家都会基于自己的文化传统建构自己的教材，将本民族的文化基因传承下去。世界上每个国家的教材都有自身的特色，都是自身民族特色、文化属性的集中反映。无论是对核心价值理念的坚守，对内容的选择，还是版式或图片设计，无不渗透着民族历史文化因素的影响，无不打上时代的文化烙印。从文化传承的角度讲，教材就是将特定文化传统蕴含的价值理念以适应时代的方式传授于学生，并使之实现文化价值内化的过程。

社会主义核心价值观进教材引导学生探究文化背后的价值取向。文化的内涵比较宽泛，涵盖社会生活的方方面面。美国外语教学委员会研制的《面向 21 世纪的外语学习标准》，将文化分为"观点"（perspectives)、"实践"(practices)、"产品"(products)①。这与中国学者梁漱溟划分的文化的三个方面即精神生活、社会生活、物质生活②类似。教材对文化产品、物质文化的呈现固然重要，但对文化的深度考察，尤其是对不同文化观念、制度层面差异以及共同话题的分析，更有利于培养学生的文化自信。美国人类学家哈维兰将文化解释为"不是可观察的行为，而是共享的理想、价值和信念，人们用它们来解释经验，生成行为，而且文化也反映在人们的行为之中"③。文化的意义不仅体现在表面的显性的可见的部分，更体现在对整个社会价值观念和生活方式的形塑。教材不仅要融入文化产品、文化人物等内容，也要注重呈现文化观念、文化社群等深层文化，引导学生认识不同文化所积淀的思想、精神及道德财富，进一步增进学生对中华文化精髓、当代中国价值观念的了解。

社会主义核心价值观进教材引导学生传承中华民族文明成果。中华优秀传统文化是中华民族的根与魂，是中华民族实现伟大复兴的精神保障。在五千多年的发展中，中华民族形成了以爱国主义为核心的团结统一、爱好和平、勤劳勇敢、自强不息的伟大民族精神。一百多年来，中国共产党人把马克思主义同中国具体实际相结合，同中华优秀传统文化相结合，从民族精神中汲取营养和智慧，将中华优秀传统文化中"精忠报国"的爱国情怀、"自强不息"的奋斗精神、"公而忘私"的奉献精神、"革故鼎新"的创新精神等文化基因渗透入血液，培育形成一系列

---

① 张军，刘艳红.教材语篇的文化内涵：一项基于语料库的《大学思辨英语教程》研究.中国外语，2022（1）：90-97.
② 梁漱溟.东西文化及其哲学.北京：商务印书馆，1999.
③ 哈维兰.文化人类学：第10版.上海：上海社会科学院出版社，2006：36.

伟大精神，丰富和发展着民族精神的内涵。社会主义核心价值观彰显着时代精神特色。时代精神是时代的产物。任何一个时代的发展离不开特有的时代精神，都需要能够反映那个时代主题和时代要求的时代精神。改革开放 40 多年来，我们党带领人民绘就了一幅波澜壮阔、气势恢宏的历史画卷，谱写了一曲感天动地、气壮山河的奋斗赞歌，塑造了改革创新的时代精神。社会主义核心价值观是对民族精神和时代精神的高度概括，是中华优秀传统文化、革命文化和社会主义先进文化的集中体现。将社会主义核心价值观融入教材，有助于将我们的文化优势转化为教材优势，引导学生保持昂扬向上、奋发有为的精神状态，不断增强民族自尊心、自信心和自豪感，坚定文化自信、历史自信，自觉传承中华文明成果。

三、教材具有规范性，传递确切的知识与价值

教材关乎国家事权，关乎民族未来，与其他知识载体相比，在知识传授上具有更高要求。首先，教材具有很强的科学性。教材的编写不是随意的，它是根据不同学科的教学目标有针对性地选取特定范围和深度的知识编写而成的，具有很强的科学性。教材中的知识必须是科学上被认定为真理性的知识，只有那些经过实践验证、无可争辩的科学知识才能作为教材的内容，不确切的、尚有争议的知识不应编入教材。其次，教材具有很强的权威性。教材在传播真理上的权威性是它让学生人手一册的合法性前提。它不是普通的学习材料、素材或资源，而是人类优秀文明成果的精华，是国家意志的体现，是被社会所公认的、经得起时间

检验的权威知识载体。再次，教材具有很强的规范性。同科学性、权威性相适应，规范性是教材的应有之义。尽管教材形式随着社会的进步而不断变化，但教材的基本结构业已形成，在教材的编写体例、印刷规格、编校质量要求等方面标准相对统一。教材作为一种公共产品，其编写、出版、发行，都要经过严格审核管理。教材监管部门通过多种措施对教材内容的科学性、严谨性，以及意识形态和价值观等方面加以审核。

教材作为某一学科领域理论体系和话语体系的集中呈现，发挥着"知识地图"的功用。古往今来，不存在任何与价值无关的纯粹知识，知识本身带有价值关切，知识的选取与应用存在价值立场，教材这一特殊知识载体更是如此。因此，教材编写必须把握好意识形态导向与学科知识呈现的关系，即知识的选取、组织与呈现以体现国家意志为前提。社会主义核心价值观进教材，其中内含的深层意蕴是对现存知识进行特定的选择和编排，以确定符合社会主义核心价值观的内容可以进入教材，而不符合社会主义核心价值观的内容则无法进入教材。当然，强调教材的意识形态属性，并不是要把教材内容编成简单的宣传口号，而要以科学的学理分析实现知识传输，以深刻的思想理论说明道理，用真理的力量引导学生。处理好这一问题，需要教材编写者不断提升自身理论素养，提升知识转化与融合的能力，使我们的教材经得起时间和实践的检验，经得起"为什么"的知识追问[①]。

---

① 米博华. 国家事权视域下的教材建设. 光明日报，2021 - 11 - 19 (11).

四、教材注重适宜性，力求科学有效地教与学

教材的教学性是指教材具有的基于教学、为了教学并指向教学的天然属性。教材的教学性主要体现在两个方面：一是便于教。教材不仅仅是知识表达的载体，还能提高教学实践活动的效果，为育人活动提供实践上的支持。从教师教的角度看，教材是教师教学的主要依据，教师可借助教材中的内容安排教学活动，对学生进行思维训练，开展德育和美育，提升学生的素养。教材必须符合一定的教学目标，遵循相关的教学要求，应当具有教学依据功能、资源提供功能、教法指导功能、评价支撑功能。二是利于学。从学生学的角度看，教材是引领学生进行学习的重要工具。教材必须符合学生的认知规律，具有知识传授、思想引领、思维训练、活动指导、学业评价等基本功能。

教材不仅强调科学性和规范性，同时也注重适宜性。教材编写要遵循学生的认知发展规律，从学生的生活实际和思想实际出发，针对不同学段学生的知识水平和理解能力，科学定位教育教学目标，合理设计教材内容、教学方法，建构不同学段循序渐进、螺旋上升、逻辑完备的课程教材体系。社会主义核心价值观进教材应使主流价值观以科学有效的方式进入学生头脑，扎根学生心田。课程标准和课程大纲要求遵循教育教学基本规律，在不同学段采用适合学生认知心理特点的叙事方式，应遵循学生认知发展规律，采取行之有效的方式充分展现有利于培育和践行社会主义核心价值观的内容，使之以科学、规范、适宜的方式有效融入课程教材与教育教学中。这样才能提高社会主义核心

价值观的教育教学效果，使社会主义核心价值观浸润学生心田，滋养学生成长。

第二节

社会主义核心价值观融入课程教材的基本原则

在社会主义核心价值观融入课程教材的过程中，教材编写者必须把握一定的基本原则，以有效的方式充分展现社会主义核心价值观的丰富内容和独特魅力，激发学生的情感共鸣和价值认同。

一、坚持正确政治立场，确保正确价值导向

教育旨在解决把人培养成什么样的人的问题，即引导人们认同什么样的文化、价值观念，具有怎样的行为方式。"任何一套政治体制都隐含一套价值理想，所以一种政治形式就是一种文化形式和价值观。"[①]每个国家都通过特定的制度化安排引导人们认同特定的价值观念，都采取不同的方式进行价值观教育，引导人们确立社会期许的价值观念。社会主义核心价值观教育的鲜明政治特性表明，社会主义核心价值观进课程教材是相当严肃的事情，必须坚持正确的政治立场，以严谨的历史事

---

① 林火旺．正义与公民．长春：吉林出版集团有限责任公司，2008：232.

实为依据，以严肃的历史叙事为依托。必须通过正确的价值导向、可靠的历史事实、准确的语言表述、恰当的图片资料，将社会主义核心价值观的基本内容呈现出来，将社会主义核心价值观蕴含的价值引导功能发挥出来。为此，社会主义核心价值观进教材必须坚持马克思主义指导地位，全面贯彻党的教育方针，体现党和国家意志，站稳中国立场，引导学生坚定道路自信、理论自信、制度自信、文化自信，成为担当中华民族复兴大任的时代新人。唯有如此，才能以正确的价值理念塑造学生正确的价值理念，使学生保持积极向上、奋发有为的精神状态。

二、遵循内在知识逻辑，准确把握核心价值观的丰富内涵

社会主义核心价值观是对社会主义本质的价值概括，它继承了中华优秀传统文化，吸收了人类文明的有益成果，反映了当代中国的实践要求，具有社会主义性质以及民族性、时代性和实践性，是民族特色、时代内涵、制度属性和实践要求的有机统一。对于社会主义核心价值观，必须作深入细致的分析，在比较中梳理它的基本内涵。如仅停留表面，或停留在某一个层面，势必会影响社会主义核心价值观进教材的系统性和实效性。

在国家层面的价值目标上，我们追求的富强，是人民共同富裕和国家繁荣强盛的有机统一，我们不仅要创造发达的生产力，更要让发展成果更多更公平惠及全体人民，促进全体人民共同富裕。中国现在不称霸，将来强盛起来也永远不称霸。我们走和平发展的道路，不通过战争、殖民、掠夺的方式实现现代化，相反，要通过和平、发展、合作、

共赢的方式实现自身发展。我们追求的民主是人民民主，其实质和核心是人民当家作主。全过程人民民主是社会主义民主政治的本质属性，是最广泛、最真实、最管用的民主。中华民族创造了辉煌灿烂的文明，为人类发展进步做出了巨大贡献。今天，中国共产党带领中国人民坚持和发展中国特色社会主义，推动物质文明、政治文明、精神文明、社会文明、生态文明协调发展，创造了中国式现代化新道路，创造了人类文明新形态。我们坚持开放包容的创新姿态，将古今中外一切优秀文明成果兼收并蓄，既不妄自尊大，也不妄自菲薄。和谐即人与自我、人与人、人与社会、人与自然相互依存、协调共进的良好状态。社会和谐是中国特色社会主义的本质属性，是国家富强、民族振兴、人民幸福的重要保证。追求和谐、实现和谐，构建和谐社会、建设和谐世界，是中国和世界的价值理想。通过讲授国家层面的价值目标，引导学生理解我们要建设一个什么样的国家，体认自身在建设这样的国家的征程中承担的光荣使命，激发起与祖国共奋进，与时代同发展，积极投身建设社会主义现代化强国，全面推动中华民族伟大复兴的决心和勇气。

在社会层面的价值取向上，我们所追求的自由是绝大多数人的、实质上的、真实的自由，是受到法律和规范制约、权利和义务相统一的自由，是与一定的经济社会发展条件相适应的、历史的具体的自由。我们倡导的平等，是兼顾效率与公平的平等，不是"不患寡而患不均"的绝对平均主义；不是"形式上的平等"，而是实实在在的平等，是让每个人都拥有平等的人格，享有人之为人的尊严，平等地享有宪法和法律规定的权利，平等地履行宪法和法律规定的义务，有平等参与、平等选择、

平等竞争的机会，所有职位对所有人开放。我们要建立以权利公平、机
会公平、规则公平为主要内容的社会公平保障体系，使发展成果更多更
公平惠及全体人民，在经济社会不断发展的基础上，朝着共同富裕方向
稳步前进。我们所主张的法治是坚持党的领导、人民当家作主、依法治
国的有机统一，主张全面推进科学立法、严格执法、公正司法、全民守
法，建设社会主义法治国家。要通过对自由、平等、公正、法治的讲述，
引导学生理解这些价值理念对于社会的意义和价值，懂得尊重珍爱这些价
值，学会正确对待自由权利，践行平等，公正待人，尊法学法，守法用法。

就个人层面的价值准则而言，爱国，就是爱祖国的大好河山，爱自
己的骨肉同胞，爱祖国的灿烂文化，爱自己国家的社会制度。它表现为
对养育自己的锦绣家园的由衷赞美和深深依恋；对祖国悠久的文化传
统、灿烂的文明、闻名于世的辉煌成就的自豪；对祖国各族人民和骨肉
同胞的热爱；对维护祖国荣誉、民族尊严的高度责任感；对国家无限忠
诚，对国家前途、命运的无比关心。敬业，就是用敬畏、敬重的态度对
待自己的工作，认真负责、一心一意、精益求精。敬业是一种忠于职守
的工作态度，体现为对职业表现出高度的忠诚感和责任感，体现为干一
行爱一行的职业情感，体现为不断提升专业素养，提高业务水平。我们
倡导的诚信，就是真诚待人不说谎，真实无欺不做假，信守承诺不食
言。我们倡导的友善，是爱心的外化，是与人为善、与物为善，是善待
亲人以构建和谐家庭关系，善待他人以构建和谐人际关系，善待万物以
形成和谐自然生态。要通过对爱国、敬业、诚信、友善的讲述，引导学
生把个人价值的实现同推动国家的发展、增进广大人民的福祉紧密联系

起来，不断增强做中国人的骨气和底气；从小养成认真负责、精益求精的学习和工作态度，培养责任感和忠诚感，树立终生学习的观念；明白诚信做人的重要性，增强诚信意识并身体力行；做到真诚待人、礼貌待人、宽厚待人、谦虚待人，与人为善，助人为乐。

三、遵循学生身心发展规律，科学设定不同学段的课程目标

"人的成长、成熟、成才不是一蹴而就的，而是一个渐进的过程，就跟人的生理发育一样，所以要把这几个阶段都铺陈好。"① 教育教学要遵循学生身心发展规律，根据不同年龄段学生的知识结构、认知特点和生活实际划分不同学段和层次，科学定位教学目标，合理设定教学内容、途径和方法。教材编写过程中，应基于社会主义核心价值观的内涵层次和不同学段学生的认知水平差异，注重小学、初中、高中各学段之间的衔接，把握课程深度、广度的变化，以螺旋上升的方式合理安排不同学段内容，体现学习目标的连续性和进阶性。

1～2年级是小学低年级段。活泼好动是这一阶段儿童的行为特点，游戏玩耍是小学低年级儿童的强烈需要；在这一学段，孩子们的感知能力有了一定的发展，视觉、听觉、时空感知能力等发展较快，但感知的精确性、目的性等方面还比较弱；思维虽有了抽象成分，但仍然以具体形象思维为主，掌握的概念大部分是具体的，可以直接感知的，难以区分概念的本质与非本质。基于上述特点，应注重以正确的价值观、道德和法律规范对学生进行道德和法治启蒙，多采取能够引起大脑兴奋的直

---

① 习近平 . 思政课是落实立德树人根本任务的关键课程 . 求是，2020（17）：7.

观教学，合理设计课程，注重活动化、游戏化、生活化的学习设计。

3~4 年级是从小学低年级段向高年级段的过渡学段。这一学段学生感知发展的无意性和自我中心性比较明显，学生还不善于控制观察的目的和任务。学生的思维处于从形象水平向抽象水平的过渡状态，抽象思维开始发展，直观的、外部的特征逐渐减少，形象的、本质的特征逐渐增多。基于上述特点，应注重从真实的社会情境角度进行道德教育，强化学生的道德体验和道德实践，增强其社会责任感和担当意识。在这一学段宜采用浅显的语言对学生进行教育，让他们懂得遵守行为准则的道理，引导他们思考和参与社会生活并懂得简单的社会常识，明白自己的社会角色和应承担的责任。

5~6 年级是小学高年级段。小学高年级学生的视觉、听觉和时空等感知已经发展到了一定水平，观察力有了显著发展，表现为观察力中的辨别力、判断力和系统化能力有明显的提高。他们的思维已具备初步的本质抽象概括的水平，能在许多个别现象中概括出本质的因果关系，并能用归纳法得出结论。基于上述特点，应引导学生进行初步的社会现象、历史现象、文化现象，乃至法律规范的体验、探究，启发对现象背后的本质与规律的思考，得出一些国家和社会希冀的简单结论。

7~9 年级是初中年级段，是小学高年级段的延续，与高中阶段相衔接。初中学生的感知范围不断扩大，感知的目的性、有意性和精确性不断提高。个体能够根据一定的目的进行观察和学习，对事物的感知更加全面。初中学生的思维已处于抽象思维阶段，能够逐步学会在一般原理、公式下进行抽象逻辑的判断和推理，提高了思维的独立性和批判性。依据上述特点，应注重从真实的社会情境角度对学生进行道德教育，强化学生的道德体验和道德实践，引导学生正确认识自己以及个人与家庭、他人、社会、国家和人类的关系，对社会历史发展的规律和趋势、不同社会发展形态的性质和特征进行初步的思考，了解国家发展和世界发展大势，增强社会责任感和担当意识。

高中学段的学生抽象思维能力日趋完善，处于经验型水平向理论型水平的快速转化中，感知事物的逻辑性和深刻性进一步提升。同时，这一阶段学生的知识积累较以往学段更为丰富，为进一步学习奠定了基础。基于此，在高中学段应注重理论知识的阐释，使学生对社会主义核心价值观有更为深入的理解和把握，掌握其丰富内涵，增强践行社会主义核心价值观的实践自觉。需要指出的是，理论知识讲授不要生搬硬套、生硬灌输，要在教学中启发学生进行独立思考和深度探究，提高逻辑思维能力，增强反思性认同。

四、把握不同学科课程特点，体现学科要求

学科课程是以文化知识为基础，按照一定的价值标准，从不同的知识领域或学术领域选择一定的内容，根据知识的逻辑体系，将所选出的知识内容组织为课程，如语文、算术、历史、音乐等。根据 2022 年版《义务教育课程方案》，"教材编写须落实课程标准的基本要求，基于核心素养精选素材，确保内容的思想性、科学性、适宜性与时代性"①。

---

① 中华人民共和国教育部. 义务教育课程方案（2022 年版）. 北京：北京师范大学出版社，2022：12.

不同学科确立了不同的核心素养，反映不同的课程理念，提出了不同的课程目标。各门课程应根据培养目标，归纳课程所要培养的核心素养，体现课程独特育人价值和共通性育人要求，形成清晰、有序、可评的课程目标。在学校社会主义核心价值观教育中，道德与法治、语文、历史三科课程具有十分重要的作用，应依据这些学科的不同特点、内容体系，结合学科具体主题、单元、模块等，有机融入社会主义核心价值观的内容，以便发挥综合育人效应。

道德与法治课程是落实社会主义核心价值观进课程教材的主渠道，是落实立德树人根本任务的关键课程，具有政治性、思想性、综合性和实践性。《义务教育道德与法治课程标准（2022年版）》对课程的定位是，"提升学生思想政治素质、道德修养、法治素养和人格修养等，增强学生做中国人的志气、骨气、底气，为培养以实现中华民族伟大复兴为己任的有理想、有本领、有担当的时代新人打下牢固的思想根基"①。道德与法治教材应立足于发展学生核心素养，坚持学科逻辑与生活逻辑相统一、主题学习与学生生活相结合。在内容选择上应体现社会发展要求，特别是新时代对道德与法治教育提出的新要求，突出中华民族传统美德、革命传统和法治教育，有机整合社会主义先进文化教育、革命文化教育、中华优秀传统文化教育、国家安全教育、生命安全与健康教育、劳动教育等相关主题。要以学生的真实生活为基础，增强内容的针对性和现实性，突出问题导向，正视关注度高、涉及面广的问题，引导

① 中华人民共和国教育部.义务教育道德与法治课程标准（2022年版）.北京：北京师范大学出版社，2022：1.

学生发现问题、分析问题、解决问题，提升道德理解力和判断力，强化规则、纪律、秩序、诚信、团结合作等教育。

语文课程在推广普及国家通用语言文字、增强凝聚力、铸牢中华民族共同体意识，建立文化自信、培育时代新人，实现中华民族伟大复兴等方面具有不可替代的优势①。语言文字既是文化的载体，又是文化的重要组成部分，学习语言文字的过程也是学生文化积淀的过程。因此，语文课程教材应注重工具性与人文性的统一，在培养学生语言文字运用能力的基础上，引导学生发展思维能力，提升思维品质，形成自觉的审美意识，培养高雅的审美情趣，积淀丰厚的文化底蕴，继承和弘扬中华优秀传统文化、革命文化、社会主义先进文化，为学生形成正确的世界观、人生观、价值观，形成良好个性和健全人格打下基础。

历史课程是引导学生了解中外历史发展进程、传承人类文明、提高人文素养的课程，具有思想性、人文性、综合性、基础性特点，具有鉴古知今、认识历史规律、培养家国情怀、拓宽国际视野的重要作用②。在育人目标上，历史课程教材应坚持正确的思想导向和价值引领，引导学生探寻历史真相、总结历史经验、认识历史规律、认清历史发展趋势，能够从历史的角度认识中国国情，认识中华民族多元一体的历史发展趋势，增强热爱家乡、热爱祖国的情感，铸牢中华民族共同体意识；了解并认同社会主义先进文化、革命文化、中华优秀传统文化，认识中

---

① 中华人民共和国教育部．义务教育语文课程标准（2022年版）．北京：北京师范大学出版社，2022：1.

② 中华人民共和国教育部．义务教育历史课程标准（2022年版）．北京：北京师范大学出版社，2022：1.

华文明的历史价值和现实意义，增强民族自尊心、自信心和自豪感；了解中国历史上的英雄人物，崇尚英雄气概，传承民族气节；把握习近平新时代中国特色社会主义思想的核心要义，树立中国特色社会主义道路自信、理论自信、制度自信、文化自信。在内容的选择上，应精选重要的典型史事，吸收史学研究的新成果；充分反映人类文明的灿烂成就，充分反映社会主义先进文化、革命文化、中华优秀传统文化，以及世界其他国家和地区的优秀文化；重点讲好党史、新中国史、改革开放史、社会主义发展史和中华民族发展史，汲取历史智慧，深刻把握中国特色社会主义道路的历史逻辑。

五、遵循教育教学规律，达到"知情意行"相统一效果

社会主义核心价值观教育应坚持知识传授、能力培养、价值塑造三位一体的教育理念，遵循"知情意行"相统一的育人规律，强化认知明理、重视情感体验、增强意志锻炼、养成行为自觉，由表及里，以达到"内化于心，外化于行"的目的。

要强化认知明理。对社会主义核心价值观的认知，是践行社会主义核心价值观的基础。强化"知"，首先要"知"其为什么。要引导学生认识到核心价值观是一个民族、一个国家最持久、最深层的力量。一个民族、一个国家没有共同的核心价值观，行无依归，就无法很好发展。特别是要引导学生结合中国的历史和现实，体认到培育和践行社会主义核心价值观，使全体人民同心同德，关乎国家前途命运，关乎人民幸福安康。其次要"知"其是什么。从逻辑上讲，只有从道理上讲清楚了，

才能让人心悦诚服地认可。因此，对社会主义核心价值观的基本内涵做怎样的理解和把握，是践行社会主义核心价值观的关键性问题。富强、民主、文明、和谐，自由、平等、公正、法治，爱国、敬业、诚信、友善12个词，看似简单，但深入分析后，我们会发现每个词实际上都包含着十分复杂的内容。每个词的背后拥有复杂的思想发展脉络，不仅与人类文明发展趋势相一致，更是植根于深厚的中国历史文化传统和中国现实语境之中。因此，在具体的教育教学中，我们既要着眼于人类思想史的发展脉络揭示社会主义核心价值观的深刻内涵，更要着眼于中国历史文化传统，着眼于近代以来中国发展道路的艰辛探索历程，特别是着眼于当代中国特色社会主义的伟大实践，引导学生认识、理解和揭示这些概念的丰富价值意蕴。

要重视情感体验。情感是人们心理结构的重要组成部分，人的行为会伴随着特定的情感。对社会主义核心价值观缺乏情感的人，是不可能真正践行它的。随着年龄的增长，学生的生活空间、社会关系范围、实践活动范围日益扩大，教材要把社会主义核心价值观教育从有限的课堂延伸到广阔的现实生活中，贴近生活，把学生对现实生活的认识作为培育价值观的基点，使社会主义核心价值观具备具体的、可感知的日常化形态，增强学生对文本的亲切感，引导学生进行情感体验，使学生获得感悟、启迪，真正认同、接受社会主义核心价值观。要创设体验情境，让学生在具体的情境中产生相应的情感体验，从而将情感体验内化为自己的认知和理解。

要增强意志锻炼。一个人意志是否坚强，关乎社会主义核心价值观能否在现实生活中贯彻落实。要充分考虑学生在价值观问题上可能面临的实际困难，使教材中的社会主义核心价值观内容成为塑造学生意志品质的中坚力量。低年级段生活类主题的教学内容主要通过游戏、角色扮演、手工制作等活动展开，高年级段生活类主题的教学内容主要通过观察、采访、辩论、生活实践等活动展开。这些活动需要学生亲身参与和动手实践，学生可以在活动中体验、感受、回味生活中的问题，探索解决问题的方法，增强学生践行社会主义核心价值观的意志力，培养他们的独立性和自制力等意志品质。

要养成行为自觉。《义务教育课程方案（2022年版）》指出："加强课程与生产劳动、社会实践的结合，充分发挥实践的独特育人功能。突出学科思想方法和探究方式的学习，加强知行合一、学思结合，倡导'做中学''用中学''创中学'。"[①] 社会主义核心价值观教育必须扎根于学生的日常生活世界，通过开放性、情境性、体验式等形式多样、难度适宜的教学任务，通过带有团队合作性质的、项目任务性质的教学探究等一系列活动及其结构化设计，实现"课程内容活动化""活动内容课程化"。要坚持教育与生产劳动和社会实践相结合，着眼于学生的真实生活和长远发展，使理论观点与生活经验、社会实践有机结合，让学生在社会实践活动的历练中、在自主辨析的思考中感悟价值观的力量，把对社会主义核心价值观的认知、情感转化为日常行为方式和行为习惯。

---

① 中华人民共和国教育部.义务教育课程方案（2022年版）.北京：北京师范大学出版社，2022：5.

第三节

社会主义核心价值观融入课程教材的实现路径

社会主义核心价值观进教材应围绕"是什么—为什么—怎么做"的逻辑展开。首先，在"是什么"层面关注教材内容的政治性、思想性，教育引导学生深刻理解社会主义核心价值观的理论逻辑、历史逻辑和实践逻辑；关注知识传授的系统性和层次性，教育引导学生全面了解社会主义核心价值观的科学内涵，做社会主义核心价值观的积极传播者。其次，在"为什么"层面关注教材价值塑造的思辨性和启发性，关注各学科课程教材的协同性、联动性，教育引导学生从不同视角、不同侧面把握社会主义核心价值观的意义和价值，做社会主义核心价值观的坚定信仰者。最后，在"怎么做"层面关注教材能力培养的体验性和实践性，教育引导学生自觉践行社会主义核心价值观，做社会主义核心价值观的模范践行者。为了更好地实现以上三个环节的教学目标，还要关注教材呈现形式的多样性，依据教材内容善用多种教学方法，打造既生动又深刻的课堂教学。

一、切实增强学生的政治认同感、责任感和使命感

教材要坚持马克思主义基本立场、观点和方法，引导学生形成正确

的世界观、人生观、价值观，坚定理想信念，厚植爱国主义情怀，增进对伟大祖国、中华民族、中华文化、中国共产党、中国特色社会主义的认同，把爱国情、强国志、报国行自觉融入建成社会主义现代化强国、实现中华民族伟大复兴的奋斗之中，用理想之光照亮奋斗之路，用信仰之力开创美好未来。

要处理好古与今的关系。教材在选材方面，除了要包含反映中国人价值观念和民族精神的中华优秀传统文化，还应"全面阐述我国的发展观、文明观、安全观、人权观、生态观、国际秩序观和全球治理观"[①]，使学生既了解"历史中的中国""舌尖上的中国""艺术中的中国"，也了解"发展中的中国""开放中的中国""为人类文明作贡献的中国"。要重视中华优秀传统文化的传承，引导学生理解中华优秀传统文化历久弥新的时代价值，把握中华优秀传统文化的丰富哲学思想、人文精神、教化思想、道德理念等，引导学生认识到"对传统文化中适合于调理社会关系和鼓励人们向上向善的内容，我们要结合时代条件加以继承和发扬，赋予其新的涵义"[②]。进而增强他们实现中华优秀传统文化的创造性转化、创新性发展，建设中华民族共有精神家园的自觉。同时要围绕社会主义核心价值观，结合当前社会热点问题和青少年成长中的问题，组织丰富的素材，展现中国经济社会发展中的典型事件和典型现象、人物，引导、帮助学生深刻理解社会主义核心价值观的丰富内涵和时代特征。正如习近平总书记在同德国汉学家、孔子学院师生代表座谈时所指

① 习近平. 习近平谈治国理政：第4卷. 北京：外文出版社，2022：317.
② 习近平. 在纪念孔子诞辰2565周年国际学术研讨会暨国际儒学联合会第五届会员大会开幕会上的讲话. 北京：人民出版社，2014：7.

出的，"介绍中国，既要介绍特色的中国，也要介绍全面的中国；既要介绍古老的中国，也要介绍当代的中国；既要介绍中国的经济社会发展，也要介绍中国的人和文化"①。我们在继承和弘扬传统的同时，应立足当代中国的发展进步，展现当代中国的发展成果，展现当代中国人的价值追求和精神面貌，将积极、进步、现代的中国呈现给世界，立体地、完整地展示中国形象，从而引导青少年对社会主义核心价值观的丰富内涵拥有更为全面的理解和把握。

要处理好中与外的关系。梁启超论及中西话语关系时指出："舍西学而言中学者，其中学必为无用。舍中学而言西学者，其西学必为无本。无用无本，皆不足以治天下。"② 面临闭关锁国之弊端，张之洞呼吁睁眼看世界，发出"知中不知外，谓之聋瞽"③ 之感叹。如今，中国的综合国力和国际地位显著提升，中华民族正以更加昂扬的姿态屹立于世界民族之林，应引导学生深入了解中华优秀传统文化和当代中国。同时，我们要积极学习理解国外价值观念，了解他者的感受与体验，只有这样，才能推动文化交流和价值理解。

要处理好大与小的关系。教材在内容呈现上要以微观视角为切口，用真实的数据、现实的事例、鲜活的画面反映人民生活日常，通过见微知著的方式让学生切实感受到中国经济的发展、中国文化的魅力、中国社会的进步。要处理好大主题与小切口之间的关系，以小切口支撑起来的大主题，更具鲜明性、更富感染力。如在讲授脱贫攻坚主题时，引导

① 习近平同德国汉学家、孔子学院师生代表座谈．新华网，2014-03-29.
② 张品兴．梁启超全集：第1册．北京：北京出版社，1999：86.
③ 陈福康．中国译学理论史稿．上海：上海外语教育出版社，2000：80.

学生在课前检索相关资料，了解过去 20 年来贫困地区发生的变化，并选取个体家庭的脱贫故事在课堂上讲述。这样的教学设计将"共同富裕"这一政治话语转化为生活话语，将宏大叙事转化为微观叙事，有助于增强学生的代入感和情感体验，提升学生的叙事能力，从而推动学生对富强所蕴含的共同富裕这一重要维度的理解和把握。

二、构建不同学段有机衔接螺旋上升的教材体系

不同学段的教材在功能定位、育人目标、结构编排和内容选择、组织呈现等方面既具有阶段性又具有连贯性。教材编写应根据不同阶段学生的身心发展特点，以学生实际生活为基础，分学段按主题对内容进行科学设计，构建学段衔接、循序渐进、螺旋上升的教材体系，统筹社会主义核心价值观在不同学段教材中的落实。

小学阶段重在启蒙引导，在幼小心灵里埋下社会主义核心价值观的种子。主要通过讲故事和描述性语言，运用生动具体、形象直观的方式对学生进行教育，注重体验教育。以"爱国"教育为例，在小学教材编排有关内容时，低年级学段主要围绕中华人民共和国国旗、国歌的主题开展活动，突出"爱国"的情感基调。在小学中年级学段，可通过讲述祖国、民族、家乡的巨大变化，让学生由衷地产生爱家乡、爱祖国的情感。在小学高年级学段，有关"爱国"的讲授需要更系统更深入，重点让学生学习中华民族的历史文化，让学生感受我国在政治、外交、环境保护、科技等领域的发展变化和独特贡献，初步了解中国特色社会主义制度的优越性。由此，小学阶段的爱国主义教育实现了从具体感性到抽

象理性的转换，呈现螺旋上升的趋势。

初中阶段重在将感性体验和知识学习相结合，主要以具体事实、鲜活案例、生活体验和基本概念，引导学生进行初步理性思考，形成基本政治判断和政治观点，打牢思想基础。例如，"爱国"教育主要通过呈现中国共产党带领全国各族人民取得的历史性成就和创造的奇迹，从"是什么"的角度帮助学生理解中国特色社会主义制度的优越性，增强学生的集体荣誉感、社会责任感、民族自豪感，引导学生热爱党、热爱祖国、热爱人民。再以"法治"教育为例，初中教材在编排有关内容时，七年级重点落在对法律知识的基本了解上，八年级突出对法律的再认识和宪法意识的培养，九年级重点进行依法治国的教育，层层推进，逐步展开。

高中阶段重在将实践体认和理论学习相结合，主要运用观察、辨析、反思和实践等形式，引导学生从"怎么做"的角度理解社会主义核心价值观，促进理性认同，提升政治素养。"爱国"教育主要围绕坚持和发展中国特色社会主义的行动纲领，把握习近平新时代中国特色社会主义思想的精神实质展开，帮助学生知其言更知其义，树立共产主义远大理想和中国特色社会主义共同理想，坚定"四个自信"。"法治"教育方面，应引导学生从宏观上理解法治是现代国家治理的方式，了解全面推进依法治国的总目标，知道科学立法、严格执法、公正司法、全民守法的基本要求；从具体领域了解婚姻家庭中的法律关系和法律责任、劳动关系中的法律保障，以及社会纠纷的解决机制和法律程序，理解自愿、平等、诚信等民法原则，理解如何依法行使民事权利、承担民事责任；从思想上理解依法办事、依法维权、依法解决纠纷的意义，培养法治使人共享尊严，让社会更和谐、生活更美好的认知和情感。

三、注重不同学科课程教材之间的横向配合

社会主义核心价值观主题词不仅是思政课教材编写的重要元素，也出现在语文、历史、美术、音乐等学科的教材中。通过不同学科的横向配合，相关内容的交叉融合，可以触发教育资源的联动效应，加深同一主题的教育效果。从一体化角度安排同一主题在不同教材中的呈现，使其在保持内容差异性的基础上相互补充、互相配合，可以在相关课程之间形成合力，提高社会主义核心价值观的育人效果。因此，在教材建设中，既要结合学段特点，把握好教材容量和难度，处理好不同学段之间的层次和衔接关系，科学设计教材目标、内容和呈现方式，统筹社会主义核心价值观在不同学段教材中的落实，同时又要以社会主义核心价值观为统领并贯穿始终，对不同学科课程的教材进行合理统筹和有机衔接，避免出现内容重复或遗漏的问题。

在此，我们以社会主义核心价值观进思政课程教材为例加以说明。一方面，将社会主义核心价值观纳入思政课程教材时，可以适度引入其他学科的资源。思政课程本身理论性较强，需要广泛运用多学科资源来支撑。比如，在思政课程教材中，常以长征中的事迹为例展现革命英雄理想坚定、艰苦奋斗的精神品质。与此相配合，教材还可以同时引用语文学科中毛泽东关于长征的诗词、历史学科中与长征相关的史料和数据。在不同学科资源的联动中，学生能更加直观地感受万里长征的艰

辛，更为深切地感受到革命英雄精神的可贵与崇高，还能从诗词中感受到毛泽东作为革命领袖的伟人风范，从而形成对革命英雄更为立体化的理解。另一方面，要尽量避免同一素材在不同学科中的简单重复。教材编写应当尽量多样化，以增强其感染力和可读性。在将社会主义核心价值观融入思政课程教材的同时，还要兼顾其他学科中的元素，尽量规避同一素材在不同教材中简单性的反复出现，避免学生产生"审美"疲劳。因此，推进社会主义核心价值观进课程教材，需要加强顶层设计，注重不同学科联动，充分发挥不同学科的特点，多角度、多形式引导学生感受社会主义核心价值观的核心要义，进而牢固树立"四个自信"，坚定高举中国特色社会主义伟大旗帜，推进中华民族伟大复兴的信念。

四、不断提升学生的反思性认同

开展社会主义核心价值观教育，重要的是增强人们的价值判断力和道德责任感。《义务教育道德与法治课程标准（2022年版）》提出："以学生的真实生活为基础，增强内容的针对性和现实性，突出问题导向，正视关注度高、涉及面广的问题，引导学生发现问题、分析问题、解决问题，提升道德理解力和判断力"[①]。

一是创设思考情境，设计探究性的问题。探究即探索、研究。在《牛津英语词典》中，探究被定义为"求索知识或信息特别是求真的活

---

① 中华人民共和国教育部. 义务教育道德与法治课程标准（2022年版）. 北京：北京师范大学出版社，2022：3.

动，搜寻、研究、调查、检验的活动；是提问和质疑的活动"。从探究的本义来讲，探究性学习需要学生主动寻找对某个疑问的解释。目前，被引用最多的是《美国国家科学教育标准》对探究性学习的定义，即"科学探究也指的是学生们用以获取知识、领悟科学的思想观念、领悟科学家们研究自然界所用的方法而进行的各种活动"[①]。在教学中，探究性学习是指学生围绕某个问题、文本或材料，在教师的帮助与指导下，自主寻求或自主建构答案、意义、理解或信息的活动或过程。其结果是引起认知结构发生质的变化，生成新的、不同于书本上现成知识的思维产物。"知出乎争"，没有争没有辩，就不会有思想的进步和知识增长。教材在选材和练习设计方面，应处理好观点与材料的关系，关注冲突、矛盾、困境等层面，通过对所设计的冲突进行概念界定、逻辑推理、类比论证，引导学生提升认识并修正自己的观点，使学生了解古今中外的各种主要学派和观点，具备批判性思维能力，有理有据地开展对话。在教学过程中，教师要直面学生的困惑甚至是质疑，将冲突、碰撞视为值得展开探讨与对话的重要议题，以及提升学生思想认识和品德修养的重要契机，引导学生思考、辩理和体验、感悟。

二是创设开放性的情境，增强学生反思性认同。相对于封闭性问题，开放性问题具有不确定性、发散性、综合性和创造性，是一种没有固定答案或唯一结论的问题形式。在教学中，教师应引导学生经历收集证据、提出问题、作出假设、查阅文献、据实解释、推理论证的过程，在解决复杂性问题中实现深度学习。问题的提出，不是以一个标准答案

---

① 国家研究理事会. 美国国家科学教育标准. 北京：科学技术文献出版社，1999：30.

去束缚学生的思维，而是创造一个自主学习的空间与机会，提升学生的思维认识水平。我们需要认识到，社会主义核心价值观教育的目的是传播主流意识形态，确立主导价值观念，但是这一过程应该是批判性、反思性的，学生不应该是被动的、被强行灌输的。将学生的价值反思能力和批判能力提升到新水平，使他们的价值认同感建立在理性的、审慎的基础之上，是现代教育的基本要求。我们需要认识到，包括社会主义核心价值观进课程教材在内的主题教育，是具有很强的理论含金量的，无论是对于教材编写者而言，还是对于教师而言，都需要以深厚的学术素养为根底，对政治、社会作出理性洞察，只有这样才有能力引导学生以科学的态度触摸社会的脉搏，进而锻造他们理性、审慎的态度和思维，提升其反思水平，增强其反思性认同。当然，开放性情境的创设、反思性问题的提出，要与讲授的主题紧密结合，与学生的认知紧密关联。如果无边无际，就会让学生无从说起，失去教学的目的性、方向性，导致指代不明、方向偏离，学生不知如何思考与回答。

三是注重叙事方式的有效运用，激发学生情感共鸣。按照叙事类型的不同，叙事可分为宏大叙事和微观叙事。在后现代主义思想家利奥塔看来，"宏大叙事"表述为"证明'科学知识的合法化'话语的合法化的叙事"①。美国历史学家阿兰·梅吉尔（Allan Megill）认为，在历史学语境中，"宏大叙事"指代的是一种无所不包的叙事，具有主题性、

---

① 程群.宏大叙事的缺失与复归：当代美国史学的曲折反映.史学理论研究，2005（1）：51-60＋158-159.

目的性、连贯性和统一性①。近年来，微观叙事的魅力越来越吸引人们，微观叙事就是"通过对某一具体事件或事实进行的叙述过程中，借助反思，形成体验和顿悟等，要么从该事实或事件中透析出其背后的理论假设，要么将从中获得的体验与顿悟推广至相关的行为或活动中去"②。微观叙事有利于增强教材与实际生活的联系，容易使学生产生亲近感和认同感。例如，革命英雄的书写中，在展现革命英雄的崇高价值追求时，一方面，我们要注重宏大叙事的有效使用，将英雄人物放置到国家、民族的重大历史场景中，以此刻画英雄人物的伟大，彰显他们追求的理想的崇高。例如，奥斯特洛夫斯基的《钢铁是怎样炼成的》、梁斌的《红旗谱》、柳青的《创业史》等，都是宏大叙事的经典作品。作品中主人公被置于民族、国家特定时代波澜壮阔的历史画卷之中，个人奋斗的意义在历史长河中找到了坐标。当然，我们也需要认识到，在这一过程中，如果过度关注凸显宏大的历史场景，忽视细节描绘和日常生活叙事，会使英雄离地千尺，不食人间烟火。这样的英雄，尽管可赞可敬，但由于远离人们的生活而变得可望而不可即，难以打动读者的内心世界。正因如此，革命英雄的书写，价值观宣传教育，"要将宏大叙事与日常生活叙事渗透融合，将国家跌宕起伏的历史镜像、波澜壮阔的时代风云、丰富多彩的社会变革，生动地融于日常生活之中，表达普通的、充满质感的人间烟火，挖掘日常生活的社会性和时代性，不但能拓

---

① Megill A. "Grand Narrative" and the Discipline of History//Ankersmit F，Kellner H（ed）. A New Philosophy of History. Chicago：University of Chicago Press，1995：151.

② 林德全. 教育叙事价值研究. 开封：河南大学出版社，2009：26.

宽文学作品叙述的空间，还可以大大深化作品叙述的表现力"①。通过生动的细节描述，将革命英雄人物所思所想表现出来，使宏大叙事变得生动、鲜活，革命英雄的形象变得可亲可近。这启示我们，社会主义核心价值观教育要注重宏大叙事和微观叙事的结合。一方面要有宏大的视野，将社会主义核心价值观放置在增强社会主义制度的吸引力、增进国家的团结统一、提升国家文化软实力的高度加以认识和把握。在这其中，理论讲授、问题阐发是必不可少的。另一方面，在讲授社会主义核心价值观时又要密切关注人们的日常生活，了解人们的所思所想所感，体会人们的酸甜苦辣，以通俗易懂、喜闻乐见的方式，讲述人们身边的故事，通过对一个个具体生活画面的生动展现，将社会主义核心价值观的基本内容十分自然地呈现出来。一个个动人的故事、一幅幅优美的画卷，使人们感受着生活的美好，体悟着人间的真情，憧憬着美好的未来。在感受、体悟和憧憬中，社会主义核心价值观的丰富内涵得到了具体形象的展现，价值观的力量得到了充分的彰显。唯有如此，才能引起受众的强烈共鸣，充分发挥社会主义核心价值观的应有作用。

---

① 黄建生．新时代语境下宏大叙事的重构与创新．河北日报，2019-06-28（11）.

第四章

以优良家风传承社会主义核心价值观

培育和践行社会主义核心价值观，就是通过对社会成员进行有目的、有计划、有组织的教育，施加影响，从而使社会成员形成符合社会期待和要求的思想品德、价值观念的过程。育人的根本在于立德，而立德的关键在于将整个社会公认的道德规范通过一些中间环节渗透到日常生活当中，使之被个体接受，从而成为个体所认同和践行的道德准则、生活信念。由家德、家规、家训、家谱等组成的家风，以一种通俗易懂、接地气的方式充当了从一般社会道德原则向个体品德内化与过渡的中间环节，实现了社会普遍价值原则的具体化、生活化、形象化、生动化。无论是过去、现在还是未来，家风家教这一个体道德品质培育机制，都能够对社会发展、个体品格的养成、价值认同的达成起到至关重要的作用。

 **第一节**

优良家风及其时代价值

家庭是构成社会的细胞，是个人道德养成的起点。不论时代如何变迁，生活节奏如何变化，家永远在中国人心中占据着不可替代的位置。家庭的前途命运同国家、民族的前途命运紧密相连。家风纯正，则德润万物；家风蔚然，则国风清明。我们要以家庭建设为契机，注重家庭、家教、家训、家风，不断从中汲取智慧和力量，厚植家国情怀，以好的家风培育好的作风，助力社会主义核心价值观的培育和弘扬。

一、家风的内涵及构成要素

"家风"是一个家族世代相传沿袭下来，体现家族成员精神风貌、道德品质、审美格调和整体气质，对家庭成员行为处事进行约束与指导，并逐渐被家庭成员自觉认同与践行的生活作风、家庭风尚和家族文化风格。家风具有十分丰富的内涵。作为一种特殊的文化现象，家风主要指的是一个家庭的思想意识方面的传统，"是一个家庭在世代繁衍过程中逐步形成的较为稳定的生活作风、生活方式、传统习惯、道德规范和为人处世之道的总和。"[①] 因此，家风具有传承性、稳定性和无形性的基本特征。"家风"同时带有浓烈的伦理色彩，是家庭伦理和家庭美德的集中体现，"是一种由父母（或祖辈）所提倡并能身体力行和言传身教、用以约束和规范家庭成员的一种风尚和作风。"[②] 对家庭成员具有潜移默化、耳濡目染的影响力、感染力。从价值观层面来看，家风是一个家庭或家族核心精神的体现，"是一个家庭或家族多年来形成的传统风气、风格和风尚，表征和反映着一个家庭或家族的生活方式、情感态度、文化氛围、精神品质、价值观念、人生信仰等，并成为家族成员共同的文化基因和价值共识，建构的是一个家族成员共有的精神家园。"[③]

---

① 曾钊新. 论家风. 社会科学辑刊，1986（6）：37-40.
② 罗国杰. 论家风. 光明日报，1999-05-21（5）.
③ 王泽应. 中华家风的核心是塑造、培育与树立正确的价值观. 上海师范大学学报（哲学社会科学版），2015（4）：5-11.

完整的家风有四个构成要素：家德、家规、家训、家谱。家德是家庭崇尚的德理和德行，涵盖了夫妻、长幼、邻里之间的关系。家德包括关于家庭成员的道德观念、德行规范和道德品质，如尊老爱幼、夫妻和睦、勤俭节约、宽容博爱等。优良的家德在家庭生活中的表现，就是每个家庭成员要履行自己的责任和义务，要有奉献精神，要为他人服务，一人有难，全家相助，形成一个相互关心、相互帮助的和睦家庭。

家规是家庭成员共同遵从的规则，是一个家庭所秉承的行为规范。家规涵盖的内容是多方面的：一是家庭关系，如夫妻间、父母与子女间怎样相处；二是家庭管理，如规定卫生扫除的时间，规定经济账目公开等；三是家务劳动，要有比较明确的合理的分工；四是生活习惯，如科学安排作息时间，待人接物须有礼。在现代社会，制定家规需要全家讨论，形成一致意见，家庭成员才会自觉遵守，单靠某个家庭成员强制推行的家规会因遭到反对而流于形式。

家训是家庭成员共同遵从的信条，是立身之道、齐家之道、处世之道的教化。"训"意味着"教育、训诲"，家训是家长在处世、为人、为学等方面对子孙的教诲，如子女要讲究诚信、遵循孝道。一家之长为了更好传家，光耀门楣，将经验教训总结归纳，形成家训，为后辈留下宝贵精神财富。

家谱是家族传宗续延的记载，是记录家族世系和家族成员的书籍或文件。它不仅是一种记录家族历史和世系的方式，也是一种传承和弘扬家族文化的方式。通过家谱的传承和传阅，家族成员可以了解到家族的历史传统，增强家族凝聚力和认同感，传承家族文化，进而更好地维护家族的声誉和荣誉。在现代社会中，家谱已经不再是一个家族的必备品，但是它作为中国传统文化的重要组成部分，在一定程度上得到了保留和传承。

二、中华优良家风的发展历程

中华民族素来以良好的家风家教著称于世，中国不仅有传承千年的重视家庭德育的优良传统，而且有在几千年实践中积淀发展而来的家风家训。中国古代在个体品德培育方面所积累的成功做法、宝贵经验为社会主义核心价值观的培育奠定了文化基础。中国共产党人一百多年的奋斗历程中在家风建设方面所形成的优良传统、革命风尚为社会主义核心价值观的培育提供着方向指引。认识理解和把握中华优秀家风，深入考察中国共产党人对中华优良家风的继承和发展，对于我们如何用优良家风弘扬社会主义核心价值观具有重要的意义。

（一）中国古代对家风家教的重视

在中国古代的个体品德培育中，正式制度和非正式制度都发挥着重要作用，但相比较而言，非正式制度在个体品德的培育过程中发挥的作用甚至超过了正式制度。"以家训为代表的家庭教育在将社会一般的个体品德培育道德规范具体化、生动化、生活化、形象化、个体化，从而培育个体品德和塑造德性人格方面，确实表现出独特的意义和价值，起到了比官方教育（正式制度）更直接有效、更深刻长久的作用，虽然其中包含着许多封建性糟粕，但其促使社会普遍价值原则和文化精神具体化、生活化来培育个体品德的路径和方式，对当今社会的思想政治教育工作确有借鉴价值。"① 中国古代家风教育建设之所以能够为社会主义核心价值观的培育提供启发，最根本的就在于它能够将古代思想家们提出的具有普遍性、共同性的价值观念、道德原则、文化体系渗透进个体的心灵，内化于个体的精神，外化为个体的实践，从而成为指导个体道德培育、人格养成、社会实践的重要价值指引。

中华民族对家风建设和家风传承的重视可以从至今仍然广为流传的家训中得到见证。家训作为家长、族长对子孙后辈的教诲，蕴含着丰富的人生哲理、处世智慧和传统美德，内容非常广泛，涉及励志、处世、劝学、孝慈、勤俭等方方面面，这些家训有的是鸿篇巨制，有的是片纸短章，有的是口传心授，虽形式各异，但都具有重要的道德教化功能。

孔子庭训："不学诗，无以言；不学礼，无以立。"诸葛亮诫子："静以修身，俭以养德。非淡泊无以明志，非宁静无以致远。"朱子家训："一粥一饭，当思来处不易；半丝半缕，恒念物力维艰。"欧阳修的《与十二侄》云："尽心向前，不得避事。"司马光的《训俭示康》云："众人皆以奢靡为荣，吾心独以俭素为美。"《曾国藩家书》云："凡人作一事，便须全副精神注在此一事。首尾不懈，不可见异思迁。"

由此可见，中国历代文人政客对家风建设有自己独特的见解和体悟，这些见解和体悟借助他们的作品得到了生动体现和广泛流传，至今

---

① 符得团，马建欣. 古代家训培育个体品德探微：以《颜氏家训》为例. 北京：中国社会科学出版社，2012：5.

仍然闪耀着智慧的光芒。而普通老百姓也对家风建设有着自己朴素的理解和认识，这些理解和认识通过一代代人的坚持而得以传承。一封封饱含深情的家书、一句句意味深长的叮咛，生动再现着中华民族对真善美的追求，承载着中国人对良好家风的坚守与传承，激发着一代又一代中国人向上向善。家训是祖先留给后世的一份丰厚的文化遗产，它集中体现了古人在家风建设、家庭教育等问题上的思想成果和实践经验，是中国古代家风建设、家庭教育的生动写照，成为中华民族文化基因中不可或缺的组成部分，深深融入中国人的血脉之中。

（二）中国共产党人对家风家教的重视

中国共产党是中华优秀传统文化的忠实传承者和弘扬者，历来重视家风建设。党的历史上，许多老一辈革命家从"齐家"做起，处处率先垂范，严格家风家教，倡导并形成了共产党人的红色家风。在老一辈无产阶级革命家中，涌现出许许多多家教严、家风正的楷模。

"对党忠诚，舍身为国"是红色家风的鲜亮底色。在中华民族生死存亡之际，无数革命先辈不仅自己投身革命事业，浴血奋战，不畏牺牲，舍生取义，而且影响和带动家人、亲族舍小家为大家，忠于革命事业，追随革命脚步，捍卫革命理想，前仆后继，经受生死考验。毛泽东6位亲人献身革命，徐海东家族66人在革命斗争中牺牲。革命烈士蓝蒂裕牺牲前，从监狱中传出饱含深情的《示儿》："愿你用变秋天为春天的精神，把祖国的荒沙，耕种成为美丽的园林！"陈毅在被敌人围困时，仍然矢志不渝："投身革命即为家，血雨腥风应有涯。取义成仁今日事，人间遍种自由花。"和平时期，无数共产党人为了党和人民的事业，无私奉献、爱党报国、无怨无悔，影响激励着后人沿着他们的足迹接续奋斗。

"廉洁齐家，不搞特殊"是红色家风的鲜明特色。党章规定："中国共产党党员永远是劳动人民的普通一员。除了法律和政策规定范围内的个人利益和工作职权以外，所有共产党员都不得谋求任何私利和特权。"无数革命前辈不仅自己坚守无私无畏、公私分明的党员本色，而且还时时警示亲友，坚决不搞过去"一人得道，鸡犬升天"那一套，始终谨慎用权，不徇私情。毛泽东的家风，有一个醒目的标签——"严"，教子严，律己严，持家严。毛泽东还立下"三原则"，恋亲不为亲徇私，念旧不为旧谋利，济亲不为亲撑腰。周恩来多次强调领导干部要过好思想关、政治关、社会关、亲属关和生活关，保持共产党人的政治操守和优良作风。他特别叮嘱晚辈，在任何场合都不要说出同他的关系，都不许扛总理亲属的牌子，不要炫耀自己，以谋私利，并给亲属们制定了"十条家规"，这"十条家规"也成为周恩来给今天的党风教育和家风教育留下的宝贵一课。焦裕禄从点滴小事做起，他批评妻子到食堂提了一壶开水，不让孩子"看白戏"，将票款如数补给戏院，又建议县委作出干部"十不准"的规定，留下"焦氏家风"的佳话。这些红色家风故事是中国共产党人红色家风的生动写照。

红色家风是中国共产党人把革命实践同马克思主义理论、同中华优秀传统文化创造性结合的产物，它既彰显着中国共产党人的初心使命，也蕴含着中华优秀传统文化中的深刻智慧，又赓续了具有先进性、革命性的红色基因。红色家风故事诉说着中国共产党人的优良家风，彰显了共产党人修身、齐家、治国、平天下的坚定信念和伟大抱负，闪耀着中华优秀传统文化与革命文化相融合的光辉。在不断赶考的峥嵘岁月里形成的红色家风，已经成为中国共产党人弥足珍贵的精神财富，成为永远泽被后世的"传家宝"。

党的十八大以来，以习近平同志为核心的党中央高度重视家庭家教家风建设，推动社会主义核心价值观在家庭落地生根，形成社会主义家庭文明新风尚，使千千万万个家庭成为国家发展、民族进步、社会和谐的重要基点。习近平总书记强调，要积极回应人民群众对家庭家教家风建设的新期盼新要求，认真分析家庭家教家风中出现的新情况新问题，把推进家庭工作作为一项长期的、重要的任务抓实抓好。

党和国家不断建立健全我国家庭家教家风建设法律法规政策，发挥家庭家教家风建设在泽润心灵、涵养道德、厚植文化上的德治作用，使其助力良好社会风尚的营造和社会和谐安定的维护。2016年8月，中央文明委下发了《关于深化家庭文明建设的意见》，就如何推动社会主义核心价值观在家庭落地生根，充分发挥家庭家教家风建设在培养时代新人、弘扬优良家风、加强基层社会治理中的重要作用，汇聚亿万家庭力量奋斗新时代、奋进新征程给出了详细意见。2021年7月，中共中央宣传部等七部委联合印发《关于进一步加强家庭家教家风建设的实施意见》，立足新发展阶段、贯彻新发展理念、构建新发展格局，以培育和践行社会主义核心价值观为根本，以建设文明家庭、实施科学家教、传承优良家风为重点，强化党员和领导干部家风建设，突出少年儿童品德教育这一关键点，推动家庭家教家风建设高质量发展。

2019 年 10 月，中共中央、国务院印发了《新时代公民道德建设实施纲要》，其中明确指出将社会公德、职业道德、家庭美德、个人品德建设作为公民道德建设的着力点，"推动践行以尊老爱幼、男女平等、夫妻和睦、勤俭持家、邻里互助为主要内容的家庭美德，鼓励人们在家庭里做一个好成员"①。纲要还进一步明确了"用良好家教家风涵育道德品行"的具体要求："要弘扬中华民族传统家庭美德，倡导现代家庭文明观念，推动形成爱国爱家、相亲相爱、向上向善、共建共享的社会主义家庭文明新风尚，让美德在家庭中生根、在亲情中升华。"②

2021 年 3 月发布的"十四五"规划纲要，首次设立"加强家庭建设"专节，强调以建设文明家庭、实施科学家教、传承优良家风为重点，深入实施"家家幸福安康工程"。这一创新充分体现了党和国家对家庭建设的高度重视，也为促进家庭建设、提升家庭发展能力提供了行动指南。

2020 年 5 月，《民法典》第 1043 条明确了"家庭应当树立优良家风，弘扬家庭美德，重视家庭文明建设。夫妻应当互相忠实，互相尊重，互相关爱；家庭成员应当敬老爱幼，互相帮助，维护平等、和睦、文明的婚姻家庭关系"的原则性规定，从而在引导家风建设方面旗帜鲜明地指出了优良家风确立的必要性，为新时代家庭家教家风建设提供了法律保障。

---

① 中共中央党史和文献研究院．十九大以来重要文献选编：中．北京：中央文献出版社，2021：229.

② 同①231.

2021 年 11 月，党的十九届六中全会做出了《中共中央关于党的百年奋斗重大成就和历史经验的决议》，决议在总结新时代党和国家事业取得历史性成就、发生历史性变革时，将"注重家庭家教家风建设"纳入了社会建设所取得的成就当中。

一系列相关政策法律法规和决议的密集出台，彰显了新时代党和国家对家庭家风建设的高度重视，推动家庭家教家风建设工作的制度化、规范化、常态化，为形成社会主义家庭文明新风尚奠定了坚实政策基础，为培育和弘扬社会主义核心价值观创造了良好的社会氛围。

三、优良家风的时代价值

家风是一种无形的力量，在日常生活中潜移默化地影响着一个人的世界观、人生观、价值观。家风的好坏同时也影响着家庭和睦以及社会风气。"家风正则民风淳，民风淳则社稷安。"积极向上、温厚澄澈、坚韧淳朴的家教家风，渗进子孙后代的血液，渗进社会文化，影响着社会风气。

（一）传承中华优秀传统文化

中华五千多年文明发展中孕育形成的中华优秀传统文化，是中华民族最宝贵的精神财富，是中华民族的根和魂，为中华优秀家风文化的形成和发展提供了悠久而又深厚的文化底蕴。换言之，优秀的家风文化脱胎于中华优秀传统文化，是中华优秀传统文化的重要组成部分，因而，优良家风对于传承中华优秀传统文化具有独特功能。在家国同构的古代社会，优良家风建设对社会稳定和维护统治具有积极意义，这使得历代统治者非常重视家风的建设，儒家文化中"修身、齐家、治国、平天下"的思想也就成为传统社会家风建设的重要思想来源。尽管传统社会中形成的家风有一些不适应时代要求的内容，但家风的代代相传在延续中华文明血脉、推动中华文明长盛不衰方面发挥了巨大的作用。

习近平总书记指出："中华文化是中华儿女共同的精神基因。"[①]优良家风文化作为中华优秀传统文化的重要组成部分，融入中华儿女的血脉之中，成为中华儿女的精神基因。优良家风建设对于传承中华优秀传统文化，激活中华优秀传统文化的生机活力，彰显中华优秀传统文化的深厚底蕴具有重要价值。在新时代创造性转化、创新性发展中华优秀传统文化的过程中，更应该重视优良家风建设，充分发挥优良家风在传承中华优秀传统文化过程中的重要作用。

（二）涵养社会优良风气

家风代表一个国家的风气，家风促进和影响着社会之风。历史和现实告诉我们，家风与个人成长乃至家庭兴衰紧密相连。好的家风，蕴含着满满的正能量，促使个人健康成长，推动着社会优良风气的形成。

家是最小国，国是千万家。家庭是社会的细胞，是社会的基本单位。家风则是家庭的文化内核，它不仅能够反映和传承社会价值观，还能够对社会价值观产生积极影响和改变。良好的家风能够温润社风民风，对社会公德具有培育作用。千千万万个家庭的家风好，子女教育得好，社会风气好就有了基础。《礼记·大学》有云："身修而后家齐，

---

① 习近平.习近平谈治国理政：第1卷.北京：外文出版社，2014：64.

家齐而后国治，国治而后天下平。"如果每一个家庭都能用优良家风来规范、约束和引导家人的言行举止，那么整个社会便会形成良好的风尚。正因如此，"不论时代发生多大变化，不论生活格局发生多大变化，我们都要重视家庭建设，注重家庭、注重家教、注重家风，紧密结合培育和弘扬社会主义核心价值观，发扬光大中华民族传统家庭美德"[①]。

（三）教育引导家庭成员

家庭是人生的"第一所学校"，家庭是家庭成员走向社会的起点。家风是一个家庭的教育传统，传承价值观、道德观和为人处世的规矩。作为一种道德规范、道德要求和道德力量，家风对家庭成员的为人处世、责任担当、道德品行等起到教育引导作用。这种教育"是一种无言的教育，润物无声地影响孩子的心灵"[②]。父母的言传身教会对孩子的内心产生重要影响，在他们长大走向社会后，其言谈举止中总是带着家庭对他们潜移默化的影响。习近平总书记指出："应该把美好的道德观念从小就传递给孩子，引导他们有做人的气节和骨气，帮助他们形成美好心灵，促使他们健康成长，长大后成为对国家和人民有用的人。"[③]我们要用优良家风对孩子们进行教育，引导他们扣好人生的"第一粒扣子"，帮助他们形成正确的价值观，进而成为德才兼备、适应时代发展要求的有用之才。

[①] 习近平. 习近平在2015年春节团拜会上的讲话. 人民日报，2015 - 02 - 18（2）.
[②] 栾淳钰，王勤瑶. 家庭·家教·家风关系及启示论. 贵州社会科学，2016（6）；82 - 87.
[③] 习近平. 在会见第一届全国文明家庭代表时的讲话. 北京：人民出版社，2016；4 - 5.

（四）彰显弘扬时代精神

家风是一个民族精神文化的集中体现，是一个国家在一定时期精神文化的缩影，彰显着国家和民族的整体精神风貌。优良家风具有时代性，彰显着时代精神，促使家庭成员意识到身处怎样的时代，应该有什么样的时代担当，如何将自身的发展与时代的进步紧密结合。优良家风不仅仅是一个家庭良好精神面貌的展示，更是凝聚着党风、政风和社风的精华内容，反映新时代的社会风气、社会氛围和社会环境。

当今时代日新月异，家庭结构、生活方式、价值观念等方方面面都发生了新变化。传统家庭家风家教的某些内容已难以有效适应时代发展要求，这就需要我们以社会主义核心价值观引领传统家庭家风家教建设，建构与现代社会相适应的家庭家风家教体系，将现代价值观融入传统家庭家风家教之中，提升传统家庭家风家教的时代性和创新性。

第二节

以优良家风助推培育社会主义核心价值观

社会主义核心价值观的培育是一项长期系统的工程，需要从国家、社会到家庭、个人层层推进，需要从小、从细抓起，需要潜移默化、润物无声的浸润，还需要内化于心、外化于行。家风伴随着每个人的成长过程，渗透在每个人的日常生活当中，影响着每个人的世界观、人生观、价值观，因而，优良家风的传承与社会主义核心价值观的培育有高度的内在一致性。优良家风的传承与社会主义核心价值观的培育在诸多方面的共性，使得它们能够互相影响、互相促进。新时代新征程我们应该高度重视、深入挖掘、积极发挥优良家风在社会主义核心价值观培育过程中的积极作用。

一、家国情怀是培育社会主义核心价值观的情感基础

家国情怀体现了国民对祖国的热爱、忠诚、责任与担当。在中国人的精神谱系中，"在家尽孝、为国尽忠"的家国情怀绵延不断，深深印刻在每个中国人的内心世界之中。随着历史的发展、时代的进步，家国情怀在延续固有优秀基因的基础之上，也被赋予了新的元素和新的特征，成为培育社会主义核心价值观不可或缺的情感基础。"家国情怀是流淌在中国人精神世界里的执念，是维系中华民族生存与发展的内源动力，是中华民族精气神的独有标识。"[①] 家国情怀体现着中华民族在处理个人、家庭、国家关系上的积极观念、道德标准和伦理规范，彰显着中华民族的精神道统，滋润着每一个中华儿女的精神家园，诠释着中华民族的"家"文化。家国情怀是贯穿中华民族价值体系的一条主线，把握了这条主线就把握了价值观培育和践行的核心要义。家国情怀也是中华儿女千百年来共同的情感基调，从这一基调出发就更能在价值观培育

---

① 田旭明．习近平关于家国情怀重要论述的精髓要义．马克思主义研究，2020（12）：51 - 61.

中引发共鸣、获得认同。

家国情怀体现在"小家"和"大家"不可分割的认识之中。在中国人的精神谱系里，家是最小国，国是千万家。个人价值与社会价值、国家价值具有内在的一致性、统一性。一方面，千家万户幸福美满，国家才能富强，民族才能复兴。国家富强，民族复兴，人民幸福，不是空洞的口号，也不是抽象的愿景，而是体现在千千万万家庭的美满幸福之中。另一方面，国家富强，民族复兴，家庭才能幸福美满。纵观中华五千多年的历史，中华民族之所以历经种种挫折磨难，实现从站起来、富起来到强起来的伟大飞跃，创造人类文明史上的奇迹，为人类文明进步贡献力量与智慧，与厚植在中华民族血脉中的家国情怀是分不开的。家国情怀体现着中华儿女对家园、故土、国家、民族的深刻眷恋、情感依赖、精神寄托、价值认同和忠诚捍卫，以及中华民族对家国使命、家国一体、家国共在的深刻认知、体悟和践行。

在中国人的心目中，个人幸福的实现与国家的发展始终紧密结合在一起。中国人认为自我成就、实现个人幸福和家庭幸福并没有错，但更应该意识到，民生之疾苦、社会之安定、天下之太平、国家之安危，是自我成就的重要前提和基本保障。皮之不存，毛将焉附。无论是"国破则家亡，国兴则家昌"的朴素理解，还是"亦余心之所善兮，虽九死其犹未悔"的雄浑气魄；无论是"一家仁一国兴仁，一家让一国兴让"的人文理想，还是"先天下之忧而忧，后天下之乐而乐"的责任担当，无不深刻地体现了这一点。在中国人关于家国的情感与观念认识之中，"小家"同"大国"只有同声相应、同气相求，国家才能繁荣昌盛，社会才能和谐安定，人民才能安居乐业，家庭才能兴旺发达，个人才能实现价值。正因为深刻认识到个人前途、家族命运与国家发展的同频共振，中华儿女才更注重将家庭情感与爱国情感融为一体，把家庭建设与国家建设融为一体，既努力创造孝亲敬老、和谐美满的家庭生活，又勇敢肩负济世救民、匡扶天下的社会责任。

家国情怀就是强调更好地兼顾"小家"与"大家"，将对"小家"的情意倾注于对他人的大爱、对国家的担当。由此，人生的境界才能提升，人生也才能更加接近圆满。《礼记·大学》这样写道："古之欲明明德于天下者，先治其国；欲治其国者，先齐其家；欲齐其家者，先修其身。"也就是说，修身、齐家、治国、平天下有着深刻的内在联系，个人的品格完善与家族治理、国家管理、天下太平息息相关。修身、齐家是治国、平天下的必要准备和前提条件，而治国、平天下则是修身、齐家的价值旨趣和终极目标。由此可见，修身、齐家、治国、平天下，不是割裂的，而是融为一体、相辅相成的。家庭是中华儿女涵养正气、淬炼品格、提升境界的沃土，家国情怀的逻辑起点就在于优良家庭家风家教的涵养与传承。以修身齐家为基础，以治国平天下为旨归，将个人抱负和家国荣辱高度融合，是中国古人的价值追求，也为今天我们传承优良家风、培育社会主义核心价值观提供了情感和思想基础。

中国梦是国家的梦、民族的梦，也是每一个中华儿女的梦。"得其大者可以兼其小。"国家好、民族好，大家才会好。每个人只有都把自己的人生理想与价值追求融入为实现国家繁荣和社会进步而不懈奋斗的滔滔洪流，才会实现自己的个人理想和人生价值。在起航新征程、建功新时代的今天，必须在全社会大力弘扬家国情怀，把家国情怀融入反映全国各族人民都认同的价值观的"最大公约数"中。通过教育引导、实践浸润，激发亿万中华儿女特别是广大青少年对家国的情感共鸣、为中华民族伟大复兴而奋斗的内生动力，常怀爱民之心、常思兴国之道、常念复兴之志，把个人价值的实现、自身理想的追求、家庭价值的实现与国家民族的命运紧密结合起来。努力引导人们把社会主义核心价值观贯穿到正家风、齐家规、知党恩、报国恩的行动当中，不断锤炼品格、提升境界，增强责任意识和奉献精神，为实现中华民族的伟大复兴，为建设社会主义现代化强国贡献自己的力量。

二、家风是社会主义核心价值观的微观载体

价值观培育必须借助一定的载体才能进行，载体是价值观培育和传承过程中不可或缺的重要组成部分。通过一定的载体对受教育者进行教育，是价值观培育的规律性要求。当前培育社会主义核心价值观的载体众多，但家庭家风家教是不可或缺的微观载体。"家风，也称'门风''父风'等，是一个家庭或家族在世代繁衍发展的过程中，逐步形成的传统习惯、生活方式、行为准则与处世之道的综合体，主要内容是其独特而稳定的思想观念和情操、作风。"① 家风之所以能够充当社会主义核心价值观培育的微观载体，原因就在于家风不仅能够承载价值观培育的目的、任务、原则、内容等，而且能够联系教育者和受教育者，为教

---

① 张琳，陈延彬.传承优秀家风：涵育社会主义核心价值观的有效路径.探索，2016（1）：166-171.

育双方的互动交流、相互作用提供空间。家风家教作为一个家庭素养和文化的集中体现，不仅代表着家庭成员共同的价值取向，而且体现着一个家庭共同的精神追求。今天我们强调家庭家风家教建设，目的就在于促进家庭家风家教建设与社会主义核心价值观培育的融合，借助家风这一重要载体，将社会主义核心价值观渗透到人们的日常生活中。

习近平总书记强调："核心价值观，其实就是一种德，既是个人的德，也是一种大德，就是国家的德、社会的德。国无德不兴，人无德不立。"① 社会主义核心价值观承载的是一种内涵丰富、层次清晰、目标明确的价值准则，其中既蕴含着个人之"小德"，也蕴含着国家之"大德"。社会主义核心价值观 12 个词、24 个字，囊括了国家、社会、个人三个层面。这三个层面充分体现了"大德"与"小德"的融合，"大德"对"小德"的包含，"小德"对"大德"的呼应。"大德"与"小德"紧密结合，既有深厚的传统底蕴，又有鲜明的时代特征，符合民情，顺乎民意，形成了具有强大的感召力、凝聚力和引导力的价值体系。但是，无论是"大德"还是"小德"，要真正获得认同，还需要找到合适的路径、恰当的载体，而家庭家风家教建设就是落实核心价值观的重要路径，优良的家风是社会主义核心价值观培育过程中最重要的微观载体。

习近平总书记高度重视家庭家风对个人成长的意义。他强调，家庭是人生的第一个课堂，父母是孩子的第一任老师。每一个人出生之后就

① 习近平.青年要自觉践行社会主义核心价值观：在北京大学师生座谈会上的讲话.北京：人民出版社，2014：4.

生活在家庭环境中，时刻感受家庭环境的熏陶和感染。家庭是青少年最初社会化的基本环境，父母及其他亲人的世界观、人生观、价值观，他们的言谈举止、为人处世，会在子女心中打下深深的烙印，对他们的成长产生一种基础性的作用，所谓"少成若天性，习惯如自然"表达的就是这个含义。从空间性来讲，家庭家风对一个人一生的影响是全面的。一方面，一个人认识世界、改造世界的知识、技能的获得，思想品德、行为习惯、价值观念的形成，都是以家庭为起点的，可以说家庭对一个人的方方面面都会产生影响；另一方面，家庭家风的各个因素对个人的成长都非常重要，家庭结构、家长的思想道德素养及教育理念和态度、家庭成员之间的关系、家庭的物质和经济条件等都会对个人的成长，特别是思想品德的形成发展产生深远的影响。从时间性来讲，家庭家风对一个人一生的影响是深远的。家庭早教的重要意义是使每一个人在进入学校接受教育之前，就受到了奠基性的启蒙教育，从而帮助个体形成对外部世界的早期认知和初步理解，成为个体社会化的起步环节。家庭是一个人在其中生活最长久的共同体，一个人一出生就生活在家庭之中，一生的绝大部分时间也是在家庭中度过的，人的一生也都伴随着家庭，因此，家庭对人的影响无疑最长久、最深远。从独特性来讲，家庭家风对一个人的影响具有渗透性。家庭家风对一个人的影响不仅仅通过说教的方式展开，更是以一种润物无声的方式进行。家长的日常行为、家庭成员之间的相处方式和关系、家庭的氛围、家庭生活习惯等都会耳濡目染渗透到个人的观念当中。由此可见，家庭家风对一个人的影响最为全面、深远和细致，因而也应该成为个人价值观培育的重要载体。

习近平总书记强调要充分发挥家风的"育人"功能："家庭不只是人们身体的住处，更是人们心灵的归宿。家风好，就能家道兴盛、和顺美满；家风差，难免殃及子孙、贻害社会，正所谓'积善之家，必有余庆；积不善之家，必有余殃'。"① 家风以一种潜移默化的方式对家庭成员形成影响，而家教则以一种家庭教育的方式来传承家风，涵养品德。良好的家风通过家庭教育的日常熏陶和潜移默化，能够将社会的基本道德规范和价值原则内化为受教育者的道德、人格，同时将之外化为一个人稳定的行为方式和处世风格。因此，良好的家风家教以一种永续习染和人格形塑的方式成为培育社会主义核心价值观的社会根基。优良家风所倡导的尊老爱幼、夫妻和睦、勤俭持家、邻里团结等家庭美德体现了诚信、友善、责任、包容、平等、民主等多种要素，这对于培育和践行社会主义核心价值观有着重要的现实意义。现代社会的加速发展对人们的人生观、价值观、道德观等都产生着巨大的冲击，今天当人们因各种思潮而陷入价值观多元的困惑时，个别人因追名逐利而导致价值观扭曲时，家庭家风中蕴藏着的深刻的为人处世哲理更是凸显出其独特的意义和价值。

三、家庭教育是社会主义核心价值观落细落小落实的关键环节

价值观培育是文化传承的一部分，而文化传承是人类社会始终面临的重大问题，只有文化得到合理的传承，一个民族的发展才能获得永续

---

① 习近平. 在会见第一届全国文明家庭代表时的讲话. 北京：人民出版社，2016：5.

的精神力量。而从个体的角度来看，一个人只有接受和承继社会文化，才能获得适应社会、实现自我、获得认可的文化支撑。但文化的传承不是一蹴而就的，它需要国家、社会、家庭环环相扣、层层深入地向受教育者施予影响，其中任何一个环节都是不可或缺的。国家要对社会主义核心价值观进行科学准确、易于理解的理论阐释，向民众解释清楚社会主义核心价值观的基本内涵、内在逻辑和价值旨趣。在这一过程中，国家不仅要发掘社会主义核心价值观确立的理论依据，深入挖掘蕴藏其中的中华优秀传统文化因素，突出社会主义核心价值观的民族特色。同时，还要结合世情、国情、党情的发展变化，充分彰显社会主义核心价值观的时代气息。最重要的是，要透彻分析社会主义核心价值观与中国特色社会主义道路、理论、制度、文化的关系。但是，一套价值体系无论多么完善，都需要落细落小落实。这就需要宣传教育，也就是实现社会主义核心价值观的通俗化、大众化。理论阐释是培育社会主义核心价值观的必要准备，而宣传教育则是培育社会主义核心价值观的中间环节。在这个环节当中，家庭教育则是社会主义核心价值观培育的最后一公里。

习近平总书记指出，"一种价值观要真正发挥作用，必须融入社会生活，让人们在实践中感知它、领悟它。要注意把我们所提倡的与人们日常生活紧密联系起来，在落细、落小、落实上下功夫。"[1] 培育和践行社会主义核心价值观，要充分利用中华优秀传统文化中所包含的有利于时代进步的价值追求和文化基因，从而让社会主义核心价值观能够深

---

① 习近平. 习近平谈治国理政：第 1 卷. 北京：外文出版社，2014：165.

入人心，成为亿万人民的价值追求、价值判断、价值准则，让千千万万个家庭念兹在兹、无日或忘，让每一个人都能习与智长、化与心成。中华民族优秀家风传统中包含的睦亲勤俭的治家之道、蒙以养正的教子之方、重品崇德的修身之法、亲仁济众的处世之则等，为培育社会主义核心价值观提供了丰富资源。中华优良家风是培育和践行社会主义核心价值观的重要载体，家庭家教家风建设是助力新时代社会主义核心价值观落细落小落实的关键环节。

家庭家教家风在个体道德教育和品格养成中处于基础地位，是其中的一个关键环节，也是社会主义核心价值观的微观缩影和具体表现。社会主义核心价值观的 24 字较为抽象，是深邃的价值表达，要为广大民众所认同，须贴近民众，融入人们的日常生活。家庭是人生的第一所学校，是价值观塑造的起点。传统的家训、家风、家文化，作为中华优秀传统文化的重要组成部分，不但有父母培育子女积极价值观的经验之谈，也有卓有成效的思想品德教育的路径、方法。而社会主义核心价值观尤其是个人层面的价值观恰是对传统家训教化和优秀家风中治家、睦亲、教子、处世价值和标准的承接、升华，这为社会主义核心价值观落细、落小、落实提供了良好基础。传承优良家风可以使社会主义核心价值观在精神层面上"深入"，在具体行动上"浅出"，增进人们对社会主义核心价值观的认知认同和践行。因此，坚持古为今用、批判继承的原则，挖掘和利用传统家风文化这一宝贵财富，取其精华，弃其糟粕，有利于社会主义核心价值观接地气、贴民心，融入人们日常生活之中。

　　"不论时代发生多大变化，不论生活格局发生多大变化，我们都要重视家庭建设，注重家庭、注重家教、注重家风，紧密结合培育和弘扬社会主义核心价值观，发扬光大中华民族传统家庭美德"①。家庭对个人道德教育的成功不仅意味着施教者、受教者及后世子孙的幸福，意味着家庭的兴旺，也意味着国家的强盛。一个文明进步、欣欣向荣、充满活力的社会，有赖于具有良好思想道德修养的公民，而家庭教育则是塑造人的世界观、人生观、价值观和培育人的思想品德、行为习惯的基础所在。《史记·循吏列传》中谈道："施教导民，上下和合。"家庭教育具有春风化雨、润物无声、深入人心的无形力量，它能够以贴近生活的方式，让社会主义核心价值观变得更加具体、生动和鲜活，通过言传身教渗透于个人成长的家庭环境当中，渗透到日常生活当中，指导个人具备基本的价值认知、学会基本的价值判断，从而对个人价值观的形成和变化产生深远影响。只有以良好的家庭教育为铺垫，才能确保国民素质的整体提高，才能顺利推进社会主义核心价值观的培育践行，进而保证社会的和谐稳定，培养堪当民族复兴大任的时代新人。

　　总之，优良的家风体现着一个家庭的生活方式，彰显着一个家庭的文化氛围，传承着一个家庭的精神气质。作为道德教育、价值观培育的有效方式，优良家风是中华优秀传统文化的体现，是对中华民族内在道德文化的继承，是对中华民族丰富精神内涵和高远价值追求的完美诠释。优良家风为中华民族生生不息、发展壮大提供着丰厚滋养。良好的家风对社会而言，就是一种"德"的力量，是涵养社会主义核心价值观

---

　　① 习近平. 习近平关于注重家庭家教家风建设论述摘编. 北京：中央文献出版社，2021：3.

"小德"与"大德"的重要思想源泉，能够使社会主义核心价值观变得具体而鲜活。

第三节

以优良家风助推践行社会主义核心价值观

家庭是社会的细胞，家风家教是家庭特有的属性，良好的家风家教是弘扬和践行社会主义核心价值观最重要的手段。孩子是民族的未来，青少年的价值取向影响着一生的价值取向，决定着未来整个社会的价值取向。培育和践行社会主义核心价值观要从家庭做起，从娃娃抓起，教育引导广大青少年扣好人生第一粒扣子，打牢思想之基、价值观之基。为此，要充分利用我国优秀家风文化包含的有利于时代进步的价值追求和文化基因，充分挖掘和传承优良家风的价值意蕴；注重父母长辈的言传身教，促进优良家风潜移默化的传承；家庭、学校、社会要共同发力，打造育人共同体，全员、全过程、全方位传承优良家风，推动社会主义核心价值观落细、落小、落实。

一、挖掘优良家风的价值意蕴

在建设优良传统家风时，要关注中华优秀传统文化中的传统家风，继承并发掘其优秀特质，不断发现其与社会主义核心价值观的内在契合之处，同时，要关注具有特色的红色家风，利用其群众基础，为践行社会主义核心价值观而努力。

传统优良家风文化作为中华优秀传统文化的重要组成部分，包含了诸多积极向上、意蕴深刻的哲学理念、人文情怀和社会规范。中国传统社会有记载的诸多家训，体现了先人的治家理念、家风家训、齐家之道，其中包含着很多诚信友善、和睦团结、勤劳节俭、爱国奉献的思想。这些思想实际上是先辈人生履历的总结和在长期社会实践中积累的思想精华，内容精深丰富，弥足珍贵，需要我们进一步深入挖掘、深刻阐释。当然，在创造性转化和创新性发展的过程中，特别要注意对时代要求的把握和对内容的甄别。传统家风中包含的封建文化，如家长独断、男尊女卑的价值观念等，与社会主义核心价值观倡导的自由、平等、民主、法治等理念大相径庭。因此，在利用传统家训推进社会主义核心价值观培育和践行的过程中，要坚持古为今用、批判继承、取优汰劣、继往开来、承前启后的原则，推动中华优秀传统文化创造性转化和创新性发展，探寻根植于优秀传统家风文化、符合中国国情、体现时代思想道德诉求和价值导向的新型家风、家文化。

在中国共产党百年奋斗历程中涌现出了很多不搞特权、清廉自守、生活俭朴、严格要求子女的红色家风故事。故事里的主人公将朴素的家庭感情与爱国情怀融为一体，自觉将对家的情感升华成为国为民的大爱担当，把家庭的命运融入国家和民族的前途命运之中，谱写了感天动地、气吞山河的壮丽史诗。从毛泽东"埋骨何须桑梓地，人生无处不青山"，到赵一曼"未惜头颅新故国，甘将热血沃中华"，再到焦裕禄"心里装着全体人民，唯独没有他自己"，体现的是一代代中国共产党人对党和国家的忠诚信仰，对人民的无私情怀，充分彰显了共产党人的高尚精神品格，为我们留下了宝贵的精神财富。我们要系统梳理、大力弘扬我国老一辈革命家的红色家教家风，整理保存与红色家书相关的历史资料和文物，丰富红色家风相关的理论成果，揭示红色家风故事背后所蕴含的深刻内涵。充分发挥革命圣地、战斗遗址、烈士陵园、革命博物馆、纪念馆、党史馆等红色文化载体的功能，并运用 VR、AR 等技术让其"活化"，提供身临其境的体验。要优化宣传平台建设，建好公共服务平台，用好新兴媒介平台，营造红色文化传播氛围，增强红色家风传播的时代感和吸引力。

二、注重言传身教

"教，上所施，下所效也。"言传身教对孩子的成长极其重要，他们会通过模仿和学习大人，来塑造自己的人生观和价值观。良好的家风源自家长的言传身教，家长通过自己的言行践行和彰显着家庭的价值观和道德标准，使子女在家庭中学会做人做事的道理。子女不仅将这些观念一代代地传承下去，同时也在社会中与他人交往时影响和感染他人，影响着社会的风气。千万家庭的优良家风汇聚融合在一起，就能"积小流以成江海"，其内含的价值观念、行为准则的践行就会蔚然成风。

家长是孩子的第一任老师。父母在未成年人的教育中发挥着十分关键的作用。父母的言行举止，对于子女道德品质的塑造、道德行为的养成具有十分重要的影响。通过日常生活中的亲子互动，耳濡目染，传授孩子优秀品质，如善良、孝顺、勤奋、节俭、爱国、忠诚等，让他们自觉地接受并继承家风文化的精髓。

身教重于言传，家长要以身作则为子女树立好榜样，通过自己的行为示范来引导和教育子女，让他们在潜移默化中受到良好的道德影响和熏陶，从而养成优良的品德和行为习惯。颜之推在其家训中谈到撰写家训的目的时指出："夫同言而信，信其所亲；同命而行，行其所服。"即关系亲密的人所说的话，人们容易相信；让人敬佩的人所发出的指令，人们愿意接受。父母亲人的教诲潜移默化，入耳入心，可收到其他教育不能比拟的效果。《论语·子路》云："其身正，不令而行。其身不正，虽令不从。"家长要身体力行，通过实际行动来提升自己的道德水平，并在日常生活中积极践行社会主义核心价值观，以实际行动以身立教，让孩子润物无声地受到熏陶和教化，给他们带来励志进取的精神力量和正确的价值导向。

三、打造育人共同体

优良家庭家教家风建设是一项系统性工程，单靠家庭自身难以取得最优效果，需要家庭、学校、社会、政府等各方面共同发力，动员一切可以动员的力量，调动各方积极性，形成以优良家风建设涵育社会主义核心价值观的育人共同体，让青少年浸润在良好的育人氛围之中，从而达到社会主义核心价值观内化于心、外化于行的效果。

社会、学校和家庭要共同为青少年提供了解社会、接触社会的机会，通过参观、体验、调查等多种形式，创新价值认同培育途径，拓宽培育渠道，让学生在社会生活中取得良好的外部支持，巩固社会主义核心价值观培育的效果。要充分发挥社区在联系家庭、学校之间的枢纽作用，积极推进家校合作，将家风家训资源有效转化为社区、学校的教育资源，丰富学校教育的内涵，实现教育资源的充分共享，探索和创新培育社会主义核心价值观的育人新模式。要将理论教育与实践教育有机地结合起来，大力支持图书馆、博物馆、展览馆等举办集娱乐性、科学性、知识性、趣味性于一体的讲座、报告，通过这些社会文化机构来推进社会主义核心价值观的宣传。要充分利用博物馆、纪念馆、爱国主义教育基地、红色文化传承基地等现有资源，积极构建主题鲜明、特色突出的培育社会主义核心价值观的教学基地、实践基地。可以将社会各界在社会主义核心价值观培育中做出突出贡献的先进人物聘请为兼职教师，充分发挥这些人物的榜样作用，把他们的工作经历、成长感悟转换成具有感染力、说服力的培育和践行社会主义核心价值观的鲜活素材。

要让社会主义核心价值观"看得到、摸得着、离得近"，需要精心设计文化活动平台，大力举办有声有色的家风建设活动，如在社会道德讲堂、社区礼仪文化活动、文明志愿服务活动等教育实践活动中植入"新时代·新家风""文明家庭"等主题评选活动，开设"家风专家谈""讲述百姓家庭事例"等平台，举办寻找"最美家庭""身边好人"活动，等等。同时，借助互联网技术和大众舆论，多途径宣传好家风建设成效，树立城乡社区好家风典型家庭，把好家风的故事拍成短视频、微电影，真切而又艺术地呈现优良家风的价值引导力量。如此一来，既可以促进中华优秀传统文化传承，聚合社区价值共鸣，改善百姓生活品质，进而激发社区发展活力，又能借助常态化、沟通式社区文化活动的开展，促使社会主义核心价值观在民众中内化于心、外化于行，实实在在增强全社会弘扬、培育和践行社会主义核心价值观的效果。

随着互联网技术突飞猛进，各种新媒体平台在传统媒体的基础上大放光彩。要充分利用新媒体平台的"新"特性，创新家庭文化的传播方式。比如：通过打造一批富有时代感的网站来宣传优秀家庭文化；利用微信平台，围绕"家风建设"主题打造微信公众号，定期推送历代名人的优秀家风和家训，供读者浏览；就"家风"话题建立微博"超级谈社区"、微信群、QQ 群等平台，实现广泛的在线实时讨论交流；等等。总之，要创新传统家风文化的传播方式，立足全媒体时代，切实推动媒体融合发展，增强优良家风的传播力、引导力和影响力，构建优良家风的全媒体传播格局。

第五章

以文明礼仪涵养社会主义核心价值观

　　礼仪文化是中华优秀传统文化的重要组成部分，其中蕴含着中华优秀传统文化的思想精华和道德精髓，承载并传递着中国古代仁义礼智信等核心价值观，潜移默化地影响了中国人的价值观念和行为方式，具有"日用而不觉"的特性。习近平总书记在主持中共中央政治局就培育和弘扬社会主义核心价值观、弘扬中华传统美德进行集体学习时指出："要建立和规范一些礼仪制度，组织开展形式多样的纪念庆典活动，传播主流价值，增强人们的认同感和归属感……。要利用各种时机和场合，形成有利于培育和弘扬社会主义核心价值观的生活情景和社会氛围，使核心价值观的影响像空气一样无所不在、无时不有。"① 我们要充分发挥礼仪文化的重要作用，将核心价值观教育和文明礼仪教育有机地结合起来，推动文明礼仪内化为观念、外化为行动、转化为习惯，促进社会主义核心价值观落地生根。

第一节

文明礼仪：涵养社会主义核心价值观的有效载体

　　文明与蒙昧、落后相对，指的是一种进步的、先进的文化形态。对

---

　　① 习近平在中共中央政治局第十三次集体学习时强调把培育和弘扬社会主义核心价值观作为凝魂聚气强基固本的基础工程 . 人民日报，2014 - 02 - 26（1）.

于个人来讲，文明是一个人文化修养、道德品质、生活习惯的综合体现。对于一个国家而言，文明是发展程度、文化积淀、社会风气的综合表现。礼仪就是那些既为人们所认同且被人们所遵守的文明的外化形式。

礼仪是通过符号象征来进行社会行动，激发神圣情感的群体行为。礼仪首先是人们的仪容仪表等生活习惯和为人处世、待人接物的行为习惯。良好的礼仪是自尊和对他人尊重的一种表现方式。从个人的自我表达和自我呈现来看，礼仪是一种形式美，给人以整洁愉悦的观感，合宜的礼仪举止是内在修养的外在表现。从人际交往的角度看，礼仪是待人接物中约定俗成的行为规范和沟通方式，人们在这种秩序中表达对彼此的尊重和友善。

对于一个集体而言，礼仪又表现为一种节日纪念活动或集体仪式活动。从个人生日到学业典礼，从祖先祭祀到国家庆典，仪式遍布于人类社会之中。仪式是一支标记个人生活的高光笔，也突出了部落、社群、国家等社会组织的高光时刻。仪式是一系列符号与意义组成的象征体系，由特定的文化传统来维持，受一定的规则支配，有较为稳定的模式、结构和秩序，在固定的时间和地点举行，展现特定的象征符号与意义，将人生的重要活动形式公开化、标准化，赋予各个环节神圣庄严的意义，唤起人们对于现实的敬畏感。

礼仪还是一种互动的关系结构，它实现了个人与社会、民族、国家的统一，使特定集体成为一个道德共同体，能够激发、维持和重塑群体生活。礼仪活动包含诸多节庆日、纪念日、会议、仪式等活动。以中华民族最具社会影响力、参与度最高、延续时间最长的传统节日春节为例，数千年来春节贯穿于一代又一代中国人生命的年轮中。无论对于个人还是国家，春节都有非同寻常的意义。在这样的节庆活动中，参与者的民族情感得到了集中表达，共同的价值观得以充分融汇。再如"七一"建党日、"十一"国庆日等党和国家重大纪念日，具有特定的政治含义，代表了党和国家历史的重要节点。在这些重要的时间节点举行纪念仪式，具有特定的意义。这些节日及庆典活动展现着民族的传统、国家的历史，印证着历史上的重大事件，将人们的日常生活与国家重大历史事件紧密结合起来，有效地加强了国民之间、国民与国家之间的联结。

从百姓日常生活中的礼节习俗，到大国典仪，从社会基本礼仪规范到各行业行为准则，礼仪融入了人们日常生活和国家社会生活的各个方面。作为宣示价值观、教化人民的有效方式，礼仪充实了社会主义核心价值观教育的内容，拓展了社会主义核心价值观的教育路径，为培育社会主义核心价值观提供了坚实的载体，为践行社会主义核心价值观奠定了良好的文化基础，不仅提升了人民群众的文明素养，坚定了全国人民的文化自信，更是展现了中国礼仪之邦的非凡气度。

一、文明礼仪是中华优秀传统文化的重要载体

注重文明礼仪是中华民族的传统美德，礼文化滋养了一代又一代中华儿女。从盛大隆重的国家大典，到各种民间节日庆典、民俗仪式，再到普通人的日常交往方式，甚至是人们的身体仪态、待人接物的各种细节，人们生活的方方面面都受到礼仪文化的深刻影响。

在中国传统文化语境中，礼是一个非常丰富、包罗万象的理念。礼

乐是治国理政的抓手，礼被视为社会秩序和制度规范。早在西周时，周公就制礼作乐以治理国家。不同于自然崇拜和图腾崇拜，礼乐治理凸显了"人"这一主体。周公最早提出"德治"的理念，"以德入礼"更是奠定了国家治理的伦理基础，这对中国政治的发展方向产生了极为深远的影响。礼一方面规范人们的行为，保证道德目标的实现；另一方面滋养人的内心，使其有羞耻心、道德心，不仅不做坏事，还会积极做好事。孔子一生孜孜不倦地研究和推行礼治，提出"以礼释仁"的思想，认为礼仪是仁政的外化形式。"仁"这种道德修养和"礼"这种生活方式相结合，就是一种内外相和、表里如一的修养方式。在几千年的发展中，礼乐文化成为中华文化的核心内容之一，国家的礼制、典礼、礼节一直备受重视，成为政治体制延续的关键因素。礼仪也是传统中国社会文明、美好的表征，是人们立身处世的重要依据，对后世有着深远而持久的影响。中国人民热情友好、文明礼貌、尊老爱幼等优良传统延续至今。传统礼乐文化还形成了独特的礼乐教化方式，成为一种教育方式，以礼来规范人的行为，滋养人的性情，影响着几千年来中国的道德教育。这种教化方式以仁德为目标，以礼乐知识为内容，同时涉及诸如正衣冠等诸多教育实践活动，奠定了中国传统文化的基调。

礼仪是传统文化的天然载体。个体的存在从来都是归属于特定的文化传统的，特定的文化传统塑造着民众的性格、心理，构成了其认识自身和他人的基本思维框架。共同的语言、历史，价值观是人们的精神源泉。共同的历史记忆和文化传统，将一个国家中哪怕是未曾谋面的人紧密结合在一起，形成一个"记忆性的社群"，进而提供了一种一致性的道德文化传统。这种共同的文化记忆使人们获得了生活的意义。价值观认同的维系和发展，在很大程度上依赖于这种历史文化因素的支持，一个没有历史文化作为支撑的价值体系是难以维系长久的。也正因如此，历史悠久的国家自然特别关注将遥远的过去与当下紧密联系起来。积五千多年文明的中华民族将自己认同为中华儿女，将春节、元宵节、清明节、中秋节等传统节日作为自己民族的风俗，这些共同风俗汇集在一起就构成了"中国人"特定的身份。礼仪是节日的重要载体，借助礼仪活动这种有效的载体，节日的符号意义便呈现了出来。例如，春节期间，人们要开展拜祖、祭天、贴对联、放鞭炮、逛庙会等礼仪活动，诸如此类的礼仪实践活动，把中国人民对美好生活的向往表达出来，将中华民族团结统一、爱好和平、勤劳勇敢、自强不息的优良品德呈现出来。因此，传统节日礼仪作为中华民族文化传承的重要载体，"深蕴着中华文化的层层积淀，都是五千年文明史中一段历程、某个片段的升华和折射，都堪称是无数前哲先圣巧思佳构的创造转化"①。丰富多彩的传统节日符号和礼仪活动，承载着民族的光荣和梦想、祝福和祝愿、不幸和灾难，将民族的过去、现在和未来紧密联系起来，保存和传承了民族的集体记忆。这些独具特色的文化符号，彰显了中华民族的独特性，强化了全体中华儿女的"我们感"。我们应该将这些礼仪节日作为培养人们亲近民族文化、理解民族文化、领悟民族文化、热爱民族文化，培育和践行社会主义核心价值观的重要方法。应采取灵活多样的方式将有益的节日符号资源呈现出来，并通过礼仪实践活动将符号背后丰富的历史意

---

① 赵东玉. 中华传统节庆文化研究. 北京：人民出版社，2002：209.

蕴挖掘出来，通过彰显中华民族独具特色的"自我"，强化中国人的"我们感"，通过大力培育和弘扬社会主义核心价值观，不断激发中华民族的民族自豪感，以此来凸显中华民族对自我价值观的信心。

二、文明礼仪涵养社会主义核心价值观

中国素来有文明古国、礼仪之邦的美誉，中国人也以其彬彬有礼的风貌而著称于世。文明礼仪经过漫长的历史积淀，已经成为中华文化的重要成分，成为中华儿女的文化基因。中国礼仪文化博大精深，内含着一系列优秀的价值理念，这其中诸多价值观念与社会主义核心价值观的精神追求是一致的。无论是国家层面、社会层面，还是个人层面的社会主义核心价值观，都蕴含着"文明礼仪"的精神内涵。

文明礼仪是文明的表征。礼仪浓缩了中国人对文明的追求，文明礼仪所涉及的礼仪、礼制、礼貌等内容，是文明社会的重要表现。中国人民热情友好、文明礼貌、尊老爱幼等优良传统延续至今。传统礼文化还形成了独特的礼乐教化方式，影响着几千年来中国的道德文明教育。这些都与今天社会主义核心价值观的理念相契合。在现代社会，文明既体现了全国人民要求提升思想道德水平和科学文化素质的价值取向，又体现了中国人在参与社会生活时所体现的遵守秩序、有序有理的品格，以及处理人际关系时一种知书达理、互相谦让的精神面貌。礼仪要求人们保持良好的文明素质，保持文明的用语，养成文明的习惯，大大提高了社会的文明程度。

文明礼仪内含着善良、和谐的价值理念。"礼之用，和为贵。"在古

代中国，礼的核心作用就是促进社会和谐，人与人之间相互理解、友善亲切。在社会治理中，仅仅依靠规则和惩罚来约束人们的行为，对于培育善良友爱的氛围还不够充分。而如果以礼来节制个人、调节社会关系，则能够自然而然地宣扬善良、和谐的社会价值理念。孔子认为"礼"之扩散的基础是"亲子之爱"，礼仪不仅仅要求交往时表面上"有礼貌"，也不仅限于仪式场合的端庄得体，更反映了人与人之间相互尊重、平等友好相处的社会心理。一个深受文明礼仪影响的人，其仪态雍容大度，其行为彬彬有礼，胸怀开阔、气量宏大。文明有礼、内心有品、外在有节的人相互交往，可以形成和谐融洽的群体，最大程度上发挥出善良、和谐的价值效用。社会主义核心价值观所追求的恰恰是一种社会规范和内在道德融通的状态：每个人坚守自己的岗位和职责，对自己的事业有责任心，彼此之间相互配合、积极协作，对共同体有爱心，有奉献意识。不同的人一定会有差异，但却可以协调一致，互相理解和配合，兼容并蓄，共生共存。因此，在社会生活中，文明礼仪是培育和践行以和谐、友善为追求的社会主义核心价值观的重要资源。

文明礼仪是一种追求秩序的价值规范。《荀子·君道》中记，"至道大形：隆礼至法则国有常，尚贤使能则民知方。"国家和社会的安定以及持续发展，有赖于礼仪这种规则实体。一套完善的礼仪规范能够确定社会规矩、划定交往身份，以"正名"的方式避免僭越、掠夺、纷争等无序状态。人们在遵守礼仪规范的同时也是在规范自己的行为，从而有利于秩序的形成和维护。在传统礼仪的运作下，人们形成稳定的社会结构和社会规范，保持了社会秩序，国家也处于有序的状态之中。社会主义核心价值观不仅仅是一种内在道德规范，还作为一种秩序规约存在于公共生活之中，是人们为维护集体利益和高效的公共生活所必须遵守的行为规范。而价值观念转化为价值行为有赖于文明礼仪这一社会规范的支持。人们遵守礼仪可以提升自身的秩序意识，有理有节、有尺有度、尊重他人、维护公德，形成文明和谐的社会秩序。

中华礼仪文化所蕴含着的诸多思想内涵和价值观念与社会主义核心价值观的精神追求是一脉相承、一致契合的。从文明礼仪中挖掘和利用价值观资源，以礼来规范人的行为，滋养人的性情，有助于社会主义核心价值观潜移默化、深入人心，成为全民族、全国家的价值追求。伴随着国家发展的历程，文明礼仪文化也具有新的时代特点，进一步体现了时代的核心价值。我们要充分发掘传统文明礼仪的合理内容和优秀内核，对其所具有的和谐、善良、秩序等价值理念进行创造性转化和创新性发展，推进其与现代价值理念相融合，进一步推动文明礼仪成为涵养社会主义核心价值观的重要源泉。

三、文明礼仪是青少年价值观教育的重要环节

从古至今，仪式和教育都是密切联系着的，仪式是体化教育和实践教育的重要载体。中国古代就强调礼仪教育，学校中以礼为六艺教育之首。孔子曾经说过，"不学礼，无以立"，将礼看作人的立身之本、人的道德的寄寓之所。《礼记·曲礼》也说到，"鹦鹉能言，不离飞鸟；猩猩能言，不离禽兽；今人而无礼，虽能言，不亦禽兽之心乎。夫唯禽兽无礼，故父子聚麀。是故，圣人作，为礼以教人，使人以有礼，知自别于

禽兽"①。通过实践性参与，礼仪教育强化了学生对社会主义核心价值观的真切感知，通过礼仪行动明确抒发对价值观的肯认。

　　加强文明礼仪教育有利于增强青少年社会主义核心价值观教育的效果。价值观教育的重要任务，不仅仅是向青少年传授知识，增长其见识，更需引导青少年坚定理想信念，厚植爱国主义情怀，加强品德修养，培养奋斗精神，增强综合素质。通过文明礼仪教育，使学生"讲文明、懂礼貌、有道德"。文明礼仪教育不是一种知识灌输，而是以春风化雨、循循善诱的方式引导青少年求真向善。这种软性的教育方式营造出一个富有感染力的教育环境和教育氛围，使受教育者在不知不觉中接受熏陶，形成一套温良有序的内心秩序。将好的价值理念融入各项仪式礼节当中，将育人目标贯穿文明礼仪教化全过程，将传统礼仪文化与社会主义核心价值观内容有机结合，不仅能够丰富价值观教育的内容，也会让价值观教育具有深度，富有感染力。随着文明礼仪不断深入青少年的头脑和心灵，讲文明、守公德就会成为每一个人的自觉追求，继而不断增进青少年对社会主义核心价值观的认知认同和行动自觉。

　　加强文明礼仪教育是推进当代青少年成人成才的客观要求。青少年礼仪教育是开展人文素质教育的必备途径，是学校落实立德树人根本任务的措施之一。青少年人文素养是青少年德行、思想、智慧、审美等方面的综合体现，是青少年成长的必备素质。在学校教育中，教育者可以通过理论学习和实践活动将礼仪规范和礼仪背后的道德原理传授给学生。在升旗仪式中，青少年能在飘扬的国旗和向国旗致礼的动作中真切

---

　　① 钱玄，等．礼记：上．长沙：岳麓书社，2001：3.

感受"爱国"这一价值观；在入党入队仪式中，青少年能感受到政治身份带来的责任和荣誉。而对师长的礼貌问候和致意是尊师重教、敬友爱幼的生动表现。文明礼仪是青少年学会与人交流交往的重要环节。在进入社会前，青少年往往处于一个较为青涩的社交环境中，一方面渴望与家长、老师、同学建立起良好的关系，另一方面又受其交往能力限制，可能无法有效地处理与家长、老师、同学的关系。处于青春期的青少年，心思敏感细腻，可能会因性格不合、年龄差距等因素而产生交往障碍和交往矛盾，对其身心健康发展产生不利影响。而礼仪蕴含着丰富的交往规范，无论是传统礼仪思想中的兄友弟恭、父慈子孝、有理有节，还是现代社会中的尊重差异、不卑不亢的理念，都能大大提升青少年的修养。文明礼仪所蕴含的文明、友善、和谐的价值观，能够帮助青少年树立基本的交往观，消弭人际交往的困惑，学习与人沟通交流的技能，学会尊重他人。另外，文明礼仪也会涉及日常生活中的行为举止、仪容仪表、餐饮礼仪，对青少年的日常生活提出要求，帮助青少年培养健康的生活习惯，形成理性平和的心态。

四、文明礼仪是社会主义核心价值观海外传播的重要媒介

当代中国建设取得巨大成就，国家面貌发生历史性变化，充分显示了中国特色社会主义道路的优越性。中国立足和平共处五项原则，致力于推动构建人类命运共同体的理念得到了越来越多国家和人民的广泛认同。但是，国际上总有一些国家不愿意看到中国崛起，试图误导世界其他国家和人民对中国发展的认识。有的简单套用西方历史上大国崛起的

逻辑看待中国的发展，提出"中国威胁论"。这一论调的背后是冷战思维，是戴着有色眼镜审视中国发展。这也在一定程度上反映出我们在价值观推广与传播方面存在不足。我们应该通过积极有效的宣传，让更多国家和地区的人民了解我们的价值理念和基本主张，让他们知道中国的崛起对于世界来说是福祉而不是威胁。另外，随着中国综合国力的提升，中国人民既不"仰视"世界，也不"俯视"世界，而是更加理性平和地"平视"世界。当前世界正处于百年未有之大变局，中国崛起激发了中华民族和中国人民的文化自觉和文化自信。我们要树立价值观自信，挖掘具有中国特色和中国风格的文化传播载体，向世界传播我们的价值理念，讲好中国故事，传播好中国声音，展现可信、可爱、可敬的中国形象，推动中华文化更好走向世界。

文明礼仪作为中国价值观和中华文化国际推广的代表性符号，是中华民族的文化优势，具有较强的形象塑造功能和文化传播功能，有助于我们积极宣传中华民族文化，凸显中国价值观的独特魅力。从话语传播的角度看，文明礼仪传播着友好尊重的信息。中国的文明礼仪是成熟而卓越的文化形态，不仅历久弥新，富含民族性，更是光华璀璨，具有国际化属性。在国际社会中，中华民族历来有"礼仪之邦"之美称。早在古代，礼文化就传播到各个国家，并深刻影响了日本、韩国等东亚国家的文化。礼仪文化的国际影响力延续至今，大党大国的仪式典礼历来为世界所瞩目，现代中国的各种礼宾制度也为许多国家所借鉴。

文明礼仪是对社会主义核心价值观的有效译介，有助于更好地展现社会主义核心价值观的积极意义，使社会主义核心价值观更容易被世界各国人民理解和接受。在国际交往中，中国人诚实守信、待人真诚的做法，展现出谦和有礼的中国形象。在外事礼仪中，中国人所展现出的礼节，使友善的价值观被世界各国的人所了解和认可。通过文明礼仪这一媒介充分挖掘和表达社会主义核心价值观的世界性内涵，有助于搭建价值沟通的桥梁。而且，文明礼仪所展现出来的不只是表面上的礼貌和谦和，更是传达出一种求同存异的交往态度。世界各国的文化传统和社会发展阶段不同，价值观生成的土壤和环境也不一样，因此，不同民族、不同地区的人价值判断和价值选择有差异。如果将本国所推崇的价值观视为唯一正确的，那一定会形成话语压迫，引发斗争和冲突，也会损伤价值观国际传播的能量。文明礼仪是一种交往美德，其形式是平等的交流对话、互相理解，其背后是对全人类共同命运的价值关切。在全球化背景下只有通过文明的、相互尊重的交往交流，才能达成价值共识，形成互惠共赢。因此，文明礼仪是我们在世界价值文化激荡中调节国际关系，展现国家形象，促进文明交流互鉴的重要途径，也是对世界价值作出贡献，推动构建人类命运共同体的重要路径。

第二节

文明礼仪涵养社会主义核心价值观的实践机制

作为一种具体化、形象化、常态化、生活化的教育方式，文明礼仪及其一系列教育手段是涵养社会主义核心价值观的重要实践。我们要充分利用仪式礼节作为道德实践重要载体的功能，借助传统节日、重大节庆和纪念日，组织开展群众性主题实践活动，强化仪式感、参与感、现代感，增强人们对党和国家、对组织集体的认同感和归属感，丰富道德体验，增进道德情感。

一、展演价值象征符号，使价值观教育具体化

文明礼仪不只关注价值观的内核，而且以创新的方式呈现价值观、传承价值观。文明礼仪及其教育活动充分展演了一个民族的文化符号，为价值观塑造打下良好基础。

符号是观念的载体，人通过创造、解释、吸收象征符号来表达自己的体验。个人置身于一个大到无法全部直接观察的国家中，不可能穷尽对国家实体的物理确证，要通过象征符号来感知国家的文化、制度和主流价值观念。"社会仪式创造了一个现实，离开了仪式，这个现实就不复存在。仪式之于社会要比字词之于思想更为紧密，这样讲毫不过分。我们有可能先了解一个事物再找到与它相匹配的词语，但是没有象征行为就根本不会有社会关系。"① 由此可见，符号是价值观的载体，是青少年树立价值观念、追求价值理想的重要立足点。将社会主义核心价值观"符号化"的过程，也是一个将其外显化、具象化、明晰化的过程。任何一个价值符号都包括"能指"和"所指"。"能指"是符号外在的可感形式，"所指"则是符号所蕴含的特定的价值观。作为能指的符号是

---

① 道格拉斯．洁净与危险．北京：商务印书馆，2018：75.

简单的、抽象的，但是这些"能指"背后的"所指"，其意义是丰富的。

仪式礼仪活动展演国家标识，在恰当的情境中巧妙设计和运用标识符号，能够充分释放其背后的情感和价值。国旗这一红色标识的背后包含着丰富的价值理念，体现出无数革命先驱和仁人志士为了新中国的建立奋不顾身、勇往直前，甚至不惜牺牲宝贵生命的奋斗历程。青少年学生只有理解和感受国旗背后包含的价值理念，在向国旗致敬时，才能真正激发起向革命前辈学习，进而担当民族复兴大任的责任感和使命感。在参与政治仪式时，人们在情境中充分感悟政治标识的规范性内涵，强化对内涵的价值理念的体悟认知。随着政治仪式的反复操演和逐渐完善，仪式活动不仅仅是象征的载体，其本身也成为国家标识体系的一部分，例如中国的开国大典，早已成为青少年乃至全国人民都耳熟能详的国家标识典礼。

民族传统节日、历史纪念日等时间符号是开展文明礼仪活动的重要依托，也是核心价值观培育的重要资源。例如，"五一""六一""十一"等符号看似抽象，但是这些符号一旦通过仪式活动具体化，并与一些特定的事件联系起来，就具有了丰富内涵。每个民族在发展过程中，都拥有独具特色的时间符号，这些符号承载着一个民族的历史，或者记录着一个民族的辉煌，或者包含着一个民族的沧桑，有着特殊的纪念意义。"9月3日"这个时间符号，对于中国人民而言就具有特殊的含义。这一天是中国人民抗日战争胜利纪念日，它意味着中国人民经过十四年浴血奋战终于战胜了日本帝国主义，取得了伟大的胜利。正是在这一天，中华民族结束了近代以来抗击外敌入侵屡战屡败的屈辱，标志着中国由衰败走向振兴。在诸如中国人民抗日战争胜利纪念日、南京大屠杀死难者国家公祭日等政治性节日，全国范围内都会开展仪式纪念活动。这些政治性节日所包含的历史记忆，所蕴含的核心价值观需要我们认真发掘，其所衍生的文明礼仪也需要我们规范建构。

身体也是文明礼仪的象征化表达。"符号不仅包括语言，也包括姿势、动作、映象等。不管用什么表示符号，都能以相互共同了解的方式去进行传播。"[①]《尚书·益稷篇》有言："元首明哉！股肱良哉！庶事康哉！……元首丛脞哉！股肱惰哉！万事堕哉！"《论语·泰伯篇》中说，"君子所贵乎道者三：动容貌，斯远暴慢矣；正颜色，斯近信矣；出辞气，斯远鄙倍矣。"这表明执政者要先修身，要注意自己的仪容举止，因为身体形态会影响内心秩序，从而影响政治治理。社会主义核心价值观教育不只是语言的传递和心灵的启迪，还有规范化的身体训练，用身体力行来表达内心的价值准则。作为身心交互的形式化表达，良好的礼仪行为之所以被称为得体的，是因为体现了社会的价值要求。所以，政治仪式参与者的行为表现，不仅仅属于其个人，更体现了其所属民族和国家的精神追求和价值理念。总之，要理解仪式身体所呈现的价值观，"关键是拒绝把自我与特殊等同起来。也就是说，融为一体的过程并不是个体对整体的屈服，而是个体在与整体的完全而有机的关系中的伸展与舒张"[②]。仪式身体不是容器，不是器官的组合，而是内在的、拓展的、依据情况因时而变的有机体。

---

① 沙莲香. 现代社会学：基本内容及评析：上册. 北京：中国人民大学出版社，1994：178.
② 安乐哲，陈霞，刘燕，等. 古典中国哲学中身体的意义. 世界哲学，2006（5）：49-60.

　　践行社会主义核心价值观要落实到青少年教育教学的各个环节，要把国家层面的价值目标、社会层面的价值取向、公民个人层面的价值准则渗透到各种教育教学活动中。在文明礼仪中，要引导青少年感受到富强、民主、文明、和谐的社会主义国家已经取得的辉煌成就，体悟社会主义制度的优越性。以升旗仪式为例，我国大中小学除假期外，每周举行一次升旗仪式，广大青少年学生能从其中真切地感受到国家的强盛和如今幸福生活的来之不易。

　　价值观教育要遵循学生的认知和发展规律，以学生不断丰富的生活经验为立足点。不同年龄的青少年在身心发展阶段和心智发育程度上是有差异的，其价值认知的广度和深度也有所不同。社会主义核心价值观教育本身"要有层次性，防止'幼儿教育的成人化'、'成人教育的幼儿化'"①，对于低龄儿童，校园仪式应当以趣味化具体化的形式勾勒出生动可感的国家，从小型升国旗仪式来认识祖国的各种元素，从入学仪式中培养与师长、与同学间友好交往的品质，引导学生了解个人和集体的关系，适应集体生活。对于青年学生，应当在英雄纪念活动等校园仪式中注入宏大话题，讲述中华民族悠久的历史文化，讲述祖国的发展变化，让学生们感受幸福生活与国家富强、社会文明、公平正义之间的密切关系，以仪式的庄重表达社会主义核心价值观的重要意义。

二、营造浓烈的情感氛围，使价值观教育情境化

　　仪式礼仪活动想要达到好的效果，就要提高文明礼仪活动叙事的质

① 吴玉军. 思想政治教育中的价值认同问题. 马克思主义与现实，2016（2）：8-15.

感，要营造饱满的仪式情境，使参与仪式的青少年能够沉浸其中。这种情境设置通过对抽象的价值观进行形象化的改造，激活了仪式参与者的情感。例如：毕业的学生会知道自己即将进入更高一级的学业阶段或者踏入社会工作，但一场毕业典礼会使他们更能真切地感受到身份的转换；青年热爱自己所属的国家，而一场国庆典礼能让其迸发爱国激情；仪式不只是叙述象征，它甚至将人们卷入象征之林中，将受众变成了剧中人。参与集体仪式的人们，能够在参与仪式时作出符合自我想象并区别于日常生活的行为，并且在群体一致配合的环境下强化团结之情。相对于宏大的理论叙事，仪式以相对小巧和原型化的讲述，用隐喻的表达方式将被动的遵守价值观的义务转化为主动自发的情感认同。构建一场仪式也是在精心营造一个关于社会价值观的公共景观。完成一场政治仪式就像搭一台戏，需要人员和器物等基本要素，需要对时间和空间进行规划，甚至要设置仪式中的声音和图景。

古代的仪式时间大多与"天时"挂钩，人们在仪式中呈现特殊的自然时间，因为社会生产活动尤其是农业生产活动依赖于自然。"天时"已经逐渐退出现代政治仪式舞台的中心，但在一些仪式渲染上自然时间特征如果被恰当运用，也会起到很好的效果。1976 年周恩来总理逝世，群众自发聚集到北京长安街目送总理的灵车。《十里长街送总理》一文叙述了这一感人的群众仪式，并且强调了当时的自然时间，是"天灰蒙蒙的，又阴又冷"的萧瑟冬日，与仪式情感形成共情。现代仪式将自然时间转化为社会纪念日，并赋予纪念日一些神圣特性。政治仪式中被纪念的时刻与其他生产的、日常的时间做出区分，凸显被纪念人物或事件的神圣特性，仪式操演的时间同时也获得了连续性和当下性。对于青少年而言，其学习和生活有一定的时间规律，组织各种文明礼仪活动，要与各种特定的时间相配合进行道德教育和价值观教育。比如在各种民族节日中，同学们体验不同民族的服饰、习俗和饮食，表演节日礼仪，领略不同的风土人情，对富强、民主、文明、和谐、友善等价值观会有更深刻的体会。在课前时间，诵读文明礼仪规范，做礼仪操，在课间和课后时间，制作各种文明礼仪宣传海报，设计文明礼仪展演橱窗，绘画各种文明礼仪图像，能够引导学生以具体实践活动深切体会其背后的价值观。由此，文化礼仪和社会主义核心价值观不仅入脑入心，还会成为一种身体惯习。

在政治仪式中，地点更多地被赋予了文化意义。因此，仪式要在特别营造的建筑物或精心选择的自然环境中发掘象征和认同的资源。动态的仪式在静态的地点发挥作用，两者的象征意义叠加，营造出特定的仪式氛围。例如，中山陵是中国民主革命的伟大先行者孙中山先生的陵寝及其附属纪念建筑群，它既有中国传统陵墓的恢宏气度，更有现代纪念建筑的平等开放特征。中山陵庄严肃穆，是具有神圣性的空间。中山陵建成后，很多有关孙中山的纪念活动都在这里开展。人们在仪式情境中形成了对伟人的认同心理，不自觉地加入到宣传和再建构这些符号的行列中。虽然空间形态与其日常时刻相比没有发生根本性的变化，但经由仪式的氛围渲染，为价值观的转化提供了特殊的载体。对青少年展开价值观教育，同样离不开生动、鲜活的载体场景，离不开对校园环境中的历史文化资源的开发。比如，校园内的校史纪念馆、大礼堂等地，已经成为开学典礼、毕业典礼、成人礼、入团入队等校园仪式的重要场所。经由各种仪式活动的渲染，学生们共享对学校特有文化的空间意义解读，沉浸在校园文化氛围中。在这个过程中，社会主义核心价值观也会更加贴近青少年们的生活。

作为一种教育方式的文明礼仪，其主要作用不在于为社会主义核心价值观提供大量内容，而在于解放价值观话语表达的想象力。人是具有想象潜能的存在者，尤其是广大青少年，思维活跃且敏捷。因此在设计文明礼仪活动环节时，要从民间仪式和日常生活中捕捉灵感，在官方和民间的互动中生成认同元素，并且要贴合青少年学习和生活的主题和热点话题，使社会主义核心价值观入脑入心。总之，文明礼仪活动及其实践教育不是依据既定目标来进行严苛的规训，而是通过不同种类的教育实践活动引导人们积极主动地认知和体悟价值观的过程。从这个意义上来说，仪式活动摆脱了"精于算计"的建构策略，成为极具可塑性的灵感空间。

三、开展周期纪念活动，使价值观教育常态化

历史教育是培育青少年社会主义核心价值观的重要举措。延绵在一个人身上的过去不只是自身的成长经历，还有他所处的国家和集体的过往经历。国家的历史塑造了国家现在的状态，也塑造了国民的情感和价值观。一个人的生命是有限的，他在追溯国家的历史中感悟自己出生前的社会状况，建立起当下和过去的联系。历史记忆会携带着历史观念一同向下传递，人们在学习国家历史文化的过程中增进了对所学历史的情

感。新时代的青少年生来就处于国家繁荣昌盛的现代环境中，没有经历过古代中国的鼎盛繁荣，也没有经历过近代被侵略的耻辱苦难，但历史记忆和历史教育会在他们心中注入一个连续的国家图景。即使没有亲身经历，人们也会为国家和民族的灿烂文化遗产而自豪，对来之不易的和平环境倍加珍惜。一个民族的历史记忆消散之日，便是民族精神和价值涣散之时。一个民族只有延续那些重要的历史记忆，才能保持社会核心价值观的稳定性和连续性。

仪式礼仪是历史记忆发挥凝聚作用的核心领域，"关于过去的意象和对过去的记忆知识，是（或多或少）由仪式操演来传达和维持的"[①]。"百年纪念"以其世纪性的庄严赋予历史以厚重感，而"世代"围绕同一日期阐发多重意义，塑造了统一的历史情结，"纪念日"不是平铺直叙地展演国家历史事件，而是精选具有重大政治意义的历史事件，将这些历史记忆作为史料进行加工。周期性的仪式纪念活动是继承国家历史记忆的重要载体，也是培育和践行社会主义核心价值观的重要资源。仪式纪念活动更多地突出历史事件的象征性，用神圣化的纪念模式凸显这些历史节点，通过周期重复将这些历史记忆固化为社会集体记忆，定格为全民族的集体时刻。政治仪式展开了一块幕布，将国家的重要历史编码使之成为具有特定的名称、程序化的步骤以及现代意义的表现形式，将尘封的记忆变为活灵活现的纪念活动。面向青少年的社会主义核心价值观教育，除了挖掘重要的节庆日和重大的纪念日中蕴含的历史资源和教育资源，还可以利用青年节、教师节、儿童节、劳动节、植树节、

---

① 康纳顿.社会如何记忆.上海：上海人民出版社，2000：38.

"学雷锋月"等重要节日和纪念日，开展丰富多彩的主题教育活动、专题教育活动。

纪念日举办的仪式活动所进行的历史叙事不是讲述一场过去的故事，而是一场对过去的再现演出。"讲述它的故事不用明白无误的过去时，而用超自然的现在时"①。如果说课堂教育、文学艺术、史书典籍、博物馆等都可以见证历史发展的脉络，让青少年在主动观看中回望历史，那么政治仪式就越过了中介，直接"再现"和"重播"历史，将青少年带入一场历史演出之中，直接参与历史扮演，进而通过全民性的周期重复活动不断再现神圣的国家历史。在实践中，重大的政治纪念活动重复上演国家的神圣时刻，其中的一些时刻表征着具有起源性的荣光事件，在仪式中具有"奠基性断裂的庄重"②。譬如，新中国以开国大典来庆祝历史的新纪元，此后每年的国庆日都以特定的仪式纪念和重温新中国的这一历史开篇。还有一些纪念日，尽管不属于"奠基性断裂的庄重"时刻，但对于本民族来说仍然极为重要，仪式纪念活动也同样关注这些重要节点。譬如，在烈士纪念日时，中小学往往会组织学生进行烈士陵园扫墓、国旗下讲话、主题演讲竞赛、参观悼念等活动，还会组织革命基地的实践调研等活动，以生动丰富的历史教育使广大青少年认识到和平来之不易，珍惜生活，更好地理解爱国、富强等社会主义核心价值观。仪式把历史记忆和身体实践结合起来，以具象的表演形式重现历史。青少年们在仪式中聚焦国家的重要历史，感受和体验国家的往事，

---

① 康纳顿.社会如何记忆.上海：上海人民出版社，2000：48.
② 诺拉.记忆之场：法国国民意识的文化社会史.南京：南京大学出版社，2017：28.

沉浸在情感和价值体验中，通过类似观看影片一样的过程，体会到先辈们驰骋疆场的豪情、抵御外侮的悲壮、建立国家的振奋。因此，仪式通过重演历史来延续历史，建构了人们对历史的直观记忆。

纪念仪式的重复性巩固了人们对价值观的稳定认知和恒定信仰。仪式的重复性一方面表现为时间的周期性，另一方面表现为内容的固定性。纪念仪式每年都在同一个时间节点进行。时间的周期性，让参加仪式的人们仿佛忘却了横亘在过去和现在之间的漫长岁月，让记忆中关于本民族的过去直接重现在人们的眼前。纪念仪式的内容一般根据具体的事件精心设计，因而具有高度的程式性和规范性。"它们不会自发出现变化，或至多在有限范围内可能变化。它们不是因为一时内心冲动被操演，而是被认真遵守，以表示感情。"① 历经岁月变迁却甚少发生变化的仪式内容，能够使人们真切感受到纪念仪式背后的历史记忆的复现。面对价值流动、价值多元等给价值认同带来的冲击，仪式作为一种典型的稳定结构，以其符号象征的庄重性特征，能够对抗认同断裂带来的心理失调。纪念仪式的神圣性一方面表现为内容的程式化、规范化，另一方面体现为现场氛围的庄重严肃。仪式内容的相对恒定既能够让核心价值观的历史脉络得到呈现，又能使其固化。青少年在每年同一时间一起庆祝各种节日或纪念日，得以获得与同胞们共属一体的感觉，在共同参与各种仪式中融入同胞的集体行动，融入国家共同体的情境，践行社会主义核心价值观。

纪念仪式的操演性使践行社会主义核心价值观成为习惯。"认知记

---

① 康纳顿. 社会如何记忆. 上海：上海人民出版社，2000：49-50.

忆更多受到记忆环境因素的影响（如压力），而习惯性记忆则受到练习、熟悉等训练因素的影响。"① 价值观教育不仅是理论、知识和情感教育，更是一种身体的操演和实践的践履。通过反复的动作操练，青少年在不知不觉间就习得了某种身体的习惯。只要进入特定的场景，或者看到特定的画面，抑或听到特定的声音，他们不需要经过思考就能做出一整套流畅熟练的动作。所有纪念仪式的动作都是为纪念过去，所有纪念仪式的操演都能唤起关于民族国家过去的回忆。因此，在将仪式动作变为自己身体习惯的同时，青少年也将自己对于历史事件的记忆锁定在了身体里。比如，每年的 12 月 13 日是南京大屠杀死难者国家公祭日。在这一天的 10:01—10:02，防空警报拉响，南京全市范围内的机动车都会自觉停驶鸣笛，道路上的行人和其他公共场所的人员也都自觉低头默哀。通过这些纪念行为人们将中华民族的苦难深深镌刻在心上，从而坚定了为祖国的富强、民主、文明、和谐而奋斗的信念。

四、融入习俗节庆，使价值观教育日常化

价值观认同不是抽象的、外在的、与生活经验关联甚少的，而是一种自然而然的生活方式，是日用而不觉的自觉习惯。仪式活动所传达的价值观最终要渗入每个人的日常生活之中，影响其日常行为。日常习惯源自经验和习俗，政治仪式展演出的强烈的价值导向，往往在规则的习俗和独特的节日中得到强化，弥散进日常生活中。

相对于法律法规等非日常生活的规范，习俗有更为稳定普遍的特

---

① 杨治良，孙连荣，唐菁华. 记忆心理学. 上海：华东师范大学出版社，2012：163.

性。从古至今，很多地区的民俗仪式一直延续着，人们祭拜先祖，献祭神灵，延续风俗民约，民俗活动的形式保持基本稳定，社会主流价值符号介入其中，将国家记忆沉淀在社会生活中。在当代中国培育社会主义核心价值观，要大力弘扬以爱国主义为核心的民族精神，采取各种有效方式把中华民族团结统一、爱好和平、勤劳勇敢、自强不息的优良品德和自身的特色呈现出来，紧密依托中华民族独具特色的文化资源，大力发挥民族文学、传统节日、历史传说、名胜古迹等象征性符号的作用，采取灵活多样的方式将有益的历史文化符号资源呈现出来，并以特定的方式将符号背后的丰富历史意蕴挖掘出来，不断强化人们的集体记忆，激发其共属一体的想象。节日是人与自然秩序联结的途径，是理想化的日常生活。为使国家记忆融入民众的日常记忆，仪式常常以节日为依托，周期性的国家仪式甚至被固定成节日庆典。中国民俗节庆常有庙会赶集活动，庙会以缅怀先祖、追思往事的方式延续集体记忆，特定的民俗文化和文化体验使参与者印象深刻。节日是日常生活的高光时刻，人们在其中感到精神放松，充满道德美感。在实践中，庄重的仪式过后往往紧接着欢腾的群体节庆，仪式节庆所携带的集体记忆借由集体欢腾深入人心。

在现代化浪潮的影响之下，传统节日仪式日趋商业化。现代化是指传统的自然经济以及以传统、习惯、血缘、天然情感维系的社会关系，让位于建立在大工业生产和现代科技之上的市场经济以及合乎理性的、符合人的发展需要的、民主的社会关系和结构。在现代化的过程中出现一些值得我们思考和警惕的现象，一些本应用来传达民族精神的传统节日象征物，在消费主义影响下被一些消费者当作标榜自己身份地位的商品，本应用来表达民族情感的传统节日仪式被一些商家当作创造经济价值的工具。端午节是我国最重要的传统节日之一，按照传统习俗，中国人会通过吃粽子、赛龙舟、挂香囊、门插艾和射五毒等仪式性活动来庆祝端午节的到来。但不容忽视的现象是，在一些地方、一些行业，端午节有沦为"粽子节"之嫌。过度的包装和高昂的售价让粽子原本承载的文化意涵被浓重的商业气息遮蔽。传统节日是传统文化的结晶，传统节日仪式是传统文化记忆的重要载体。传统节日仪式因受到过度商业化影响而导致精神内涵衰退，将严重影响传统文化记忆的传承，甚至危及国家文化安全，必须引起高度重视。

中国传统节日凝结着中华民族的民族精神和民族情感，承载着中华民族的文化血脉和思想精华。只有包含丰富文化内涵的传统节日才能增强民族国家的凝聚力，失去精神内涵的节日仪式会沦为空洞的商业符号和娱乐符号。我们需要突出传统节日的文化内涵，防止节日纪念仪式空壳化。在学校教学活动中，我们应该积极推动传统节日文化进课堂、进教材。特别是在意识形态属性强的学科如语文、历史、政治等学科的课程设计和教材编写中，要将传统节日的内容巧妙地融入进去。在了解介子推割肉奉君的历史故事之后，学生才会明白清明节禁火、扫墓的缘由；在了解屈原自沉汨罗江的历史故事之后，学生才会深刻体会到端午节裹粽投江、龙舟竞渡的意义。在大众媒体平台，我们应该加强传统节日文化的宣传力度。在节日期间，报纸、电视、网络等新闻媒体平台可以借助专题报道、学者访谈和群众讨论等多种形式，介绍传统节日的起源与演变、风俗与仪式。只有充分了解清明节的文化内涵，人们才能在祭祀祖先、感怀先烈的仪式活动中正确认识和理解中华优秀传统文化。只有充分了解端午节的历史意义，人们才能在吃粽子、划龙舟的仪式活动中真切感受屈原热爱祖国、忧国忧民的高尚情操。

除此以外，传统节日仪式还在遭受外来节日的挑战。全球化不断深入的过程，既是世界经济一体化的过程，也是不同民族文化相互交流、碰撞与融合的过程。在全球化发展的进程中，面对以强大经济实力为后盾的西方节日文化，中国的传统节日文化受到很大冲击。曾几何时，在好莱坞电影等西方影视艺术作品的强势影响下，复活节制作南瓜灯等西方节日仪式受到年轻人的追捧，而清明节祭祖踏青等传统节日仪式却一度遭到年轻人的冷落。传统节日标志着民族文化身份，传统节日仪式承载着民族文化血脉。我们要高度重视中国传统节日仪式的意义和价值，不断增强人们的民族文化自信心，提升人们对中华文化的认同感。

我们要创新传统节日的庆祝方式，增强传统节日的吸引力。中华民族作为一个连续统一体，其文化具有相对稳定性。传统节日的纪念仪式作为中华民族的文化瑰宝，自然也具有这一特性。不过，随着时代的发展，传统节日的庆祝仪式也应该进行创新。如若不然，人们就会失去对传统节日的兴趣。为了让人们乐于参加和便于参加传统节庆活动，我们要在继承节日传统的基础上不断丰富和创新活动形式。在民俗节日象征物的运用方面，要适应时代发展要求，为不同年龄、不同性别的人群提供美观大方、富有情趣的节庆文化产品。譬如，将艾虎、蒲剑、小葫芦、五毒符、五色缕、香囊、健人、天师像、把门猴等传统的端午节象征物进行适度改良，以满足人们的审美情趣与现实需求。在节日饮食的选用方面，要体现民族特色和人文关怀，为人们提供安全卫生、健康有益的节日食品。譬如，在清明节期间，引导商家研发和生产符合现代人健康生活观的青团、面燕、清明茶等产品，以满足人们的物质享受和情感寄托。在节日仪式的设计方面，增加互动参与的环节，让人们亲身体验独具民族特色的节日习俗。譬如，在端午节，鼓励人们积极参与插艾草、挂香囊、包粽子等仪式活动。

第三节

将社会主义核心价值观融入青少年文明礼仪

青少年是国家未来的主人，是中国特色社会主义事业的接班人，学习文明礼仪，对于提高青少年的文明素养，增进其价值认同，促进其全面发展，提升其综合素质具有重要意义。在文明礼仪活动的举办过程中，要有意识地、有针对性地融入社会主义核心价值观，在增强融入的规范性、加强青少年群体的针对性上下功夫，丰富文明礼仪活动的形式，着力于提升社会主义核心价值观融入青少年文明礼仪的效果。

一、彰显文明礼仪的价值导向

文明礼仪和仪式活动创造出特定的情境，展现一个国家社会生活的图景，甚至隐喻民族命运。但是，这种展现不是平铺直叙的，也不是纯粹的审美行为。任何文明礼仪，其叙事的本质一定是事件和价值的共在。

文明礼仪自带话语属性和传播功能，是创新话语体系、提升传播能力的一个重要的突破口。可以说，能够精妙设计礼仪和仪式，是一种"借助象征性内容的生产和传送，干预事件进程、影响他人行为甚至制造事件的能力"①。文明礼仪和仪式活动是青少年感悟社会主义核心价值观的重要载体，也是衡量社会主义核心价值观在青少年群体中的认同度、感召力的重要观测点。任何国家都在文明展演和礼仪叙事中争取表达自我。要形成同我国综合国力、同社会主义核心价值观科学性相匹配的文明礼仪范式，就要进一步增强文化礼仪的价值融入，牢牢把握文明礼仪活动中的话语权。

在规划文明礼仪规范和设计仪式典礼活动时，要以社会主义核心价值观为引领，增强主动性和能动性，以显性和隐性相结合的方式准确表达社会主义核心价值观。文明礼仪所展现的象征符号和国家历史，都要经过言说者的选择、聚焦、阐发，对青少年形成特定价值引导。以烈士纪念日为例，要时刻透过"爱国"这一社会主义核心价值观视阈规范相应的礼仪言行、设计仪式活动，使社会主义核心价值观落地生根。在纪

---

① Thompson J. The Media and Modernity. Cambridge：Polity，1995：17.

念碑前为英雄前辈默哀和献花，要使青少年懂得，革命英烈的牺牲是为国为民，所以伟大光荣。还要使青少年认识到，社会主义核心价值观中的"爱国"，植根于中国特色社会主义事业。当代中国，爱国与爱党、爱社会主义是高度统一的。因此，礼仪活动要选择、聚焦、阐发中国共产党领导下的社会主义中国的价值元素，厚植爱党、爱社会主义的家国情怀。所以，烈士纪念日设置在国庆节的前一天 9 月 30 日，既能体现"没有革命先烈就没有新中国"的主旨，又能与国庆纪念活动相衔接，充分彰显仪式纪念对象和社会主义国家的血肉关系。总之，加强价值引领和价值融入意识，才能使青少年在文明礼仪中感知、明晰、认同社会主义核心价值观，将社会主义核心价值观内化为日用而不觉的习惯，在纷繁复杂的价值现象中做出正确选择，积极主动传播社会主义核心价值观。

在制定文明礼仪规范和设计仪式典礼活动时，要牢牢把握话语权，占据价值观制高点。话语权是价值观中不可或缺的向度，只有建立牢固的话语导向，青少年才能树立对核心价值观的自信，不会在无序的价值丛林中走向虚无。当今世界正处于百年未有之大变局，国际竞争愈发激烈，竞争内容不仅包括经济、军事等硬实力，还包括文明、价值观等软实力。文明礼仪、仪式活动是价值观的显性展示窗口，是争夺价值认同的战场，是撬动国际社会理解与认同、提升我国价值观话语感召力、引领力的有利杠杆。因此，文明礼仪要着力于提升话语能力。首先，在设计仪式典礼时准确设定话语议题，这是使社会主义核心价值观"在场"的关键。各类国际会议、国际体育赛事、国际文艺交流活动都离不开文明礼仪，文明礼仪在其中肩负着讲好中国故事的责任。自由、民主、法治等社会主义核心价值观与资本主义价值观内涵、意义和目标有根本区别，但因其话语形式相似，而西方国家又先发抢占了话语空间，因此，在国际交流交往中，文明礼仪和仪式典礼活动的话语设定要跳出西方的话语设定，准确表达自身不同于西方的价值追求。社会主义核心价值观的生命在于践行，仪式典礼要切实将我国的治理势能转化为价值话语优势。其次，要增强文明礼仪内容的话语阐释力。不同文化背景下的人们对同一象征物会有不同的理解，这就需要在表现本国文明礼仪规范时考虑话语阐释。例如，"龙"是我国民间仪式中一个常见的民族文化元素，海外华人举办的节庆典礼中常常有舞龙舞狮的环节。龙在中国文化中扮演着非常重要的角色，是祥瑞的象征，中国人自称为"龙的传人"。但在西方的话语体系中，龙是残暴邪恶的生物。如果我们对龙的勇猛宽厚的象征意义不进行话语阐释而将其运用在礼仪典礼中，那么其他话语就会误读这些国家文化象征，从而有损国家形象。最后，要彰显文明礼仪话语的开放性。不同国家有不同的文明礼仪，礼仪差异的背后是历史文化和价值观的差异，为使社会主义核心价值观引起国际社会的共鸣，仪式、礼仪、礼节要创造性转化民族风格语言，借鉴世界各国文明礼仪的有益经验，彰显社会主义核心价值观的国际影响力和国际传播力。

二、增强文明礼仪价值融入的规范性

礼仪是一种规范，是人们在特定场合下应有的行为规则和仪式。礼仪不是人们主观臆断、抽象思维的结果，而是人类社会长期发展的产物，反映了人们的道德修养、生活方式和心理状态。礼仪内含特定的价值关切，受到内在价值理念的规约；礼仪礼节作为价值理念的外化，有着规范的操作和实施标准。将社会主义核心价值观融入文明礼仪，规范性是最基本要求。

增强文明礼仪价值融入的规范性，事关社会主义价值理念传达的准确性，因此要规范融入内容。社会主义核心价值观区别于其他形形色色的价值观，有着特定且清晰的内涵，是当代中国特色社会主义价值观，它是以中国共产党带领全国人民所进行的中国特色社会主义伟大实践为基础的。因此，仪式礼仪活动所彰显的价值观，要传承中华优秀传统文化价值理念，体现有中国风格、中国气派、时代特色的中国特色社会主义价值追求。

增强文明礼仪价值融入的规范性，事关文明礼仪教育的合宜性，因此要规范融入形式。如果在文明礼仪活动和教育中简单罗列、机械套用社会主义核心价值观的名称，或是简单粗暴地给仪式文化活动"贴标签"，就会导致价值融入虚浮，难以入脑入心，甚至给参与活动的青少年留下不好的印象。文明礼仪是价值观的载体，如果将文明礼仪简单地理解为穿汉服、行成人礼等蜻蜓点水的仪式形式，不彰显其蕴含的深厚的思想道德传统和伦理支撑，不将其与现代社会价值相衔接，也会使文明礼仪活动的效果大打折扣。

推进社会主义核心价值观准确融入文明礼仪各方面，既要注重融入的内容质量，也须注重方法创新。首先要遵循科学规律，深入发掘文明礼仪所体现的国家价值目标、社会价值取向和公民价值准则，将社会主义核心价值观的深刻内涵和文明礼仪的丰富形式相结合，使二者相得益彰、互相增益。要实现内容和形式、目的和规律、价值和事实的有机统一，注意避免社会主义核心价值观的泛用和滥用、混用或笼统使用，真正使社会主义核心价值观深入人心。其次要创新文明礼仪活动形式。相对于其他价值观教育形式，仪式礼仪的精妙之处在于能够营造恰当的氛围，其作用过程是"审美化通过它的情感化效应，可以干预社会过程。"[①] 文明礼仪活动以自然婉转的方式展示价值观，会更符合现代青少年的心理，从而获得更有效的价值传播效果。例如，自 2013 年起，中国人民志愿军烈士遗骸分批返回祖国，党和国家以最高礼遇迎接英雄回家。当专机进入中国领空后，空军战斗机进行了护航，向志愿军烈士表示崇高的敬意和深切的追思。飞机落地后，国内机场以"过水门"的礼遇迎接志愿军烈士回家，继而举办烈士遗骸迎回仪式。这样仪式化的情景，是对"爱国"这一社会主义核心价值观的生动表达。最后，要完善文明礼仪教育，明确仪式教育是全民爱国主义教育尤其是学校社会主义核心价值观教育的重要内容，社会主义核心价值观是仪式教育的重要素材。要加强文明礼仪进教材、进课堂、进实践活动的基础研究，探索仪式教育的理论与实践课程。要继承中华优秀传统文化中的仪式教育思想，发展适合社会主义核心价值观的仪式教育。加强仪式教学设置和教师培训，增强仪式教育人员的专业素养，建立合理的仪式考评机制，使仪式教育更具规范性和科学性。

---

① 韦尔施 . 重构美学 . 上海：上海译文出版社，2002：45.

三、加强青少年文明礼仪的群体针对性

不同年龄、性别、阶段的青少年，对文化礼仪的需求和兴趣是有所差别的，因此，确定目标群体是加强青少年文化礼仪活动针对性的第一步。在设计青少年文化礼仪活动时，要首先明确目标群体，以此为基础进行活动内容、形式等的设计。例如，对于小学生，我们可以以亲子互动的方式，通过游戏、表演等形式帮助其掌握基本的礼仪知识，培养良好的接待礼仪；对于初中生，可以通过案例学习或讲座的方式提高他们的社交礼仪和批判思维能力；对于高中生，可以结合实际应用场合，提供更深入和全面的礼仪指导，增强其融入社会的实际能力。只有针对目标群体的特征和需求，才能提供更符合他们发展需要和兴趣的活动内容和形式，从而增强活动的针对性。

兴趣是最好的教师，在具体的教育活动中，要注意激发学生的兴趣，用学生乐于接受的方式方法开展生动有趣的活动。青少年所关注的通常都与他们所擅长或热爱的事物有关，在文明礼仪教育中可以融入青少年喜欢的元素，例如音乐、运动、电子游戏等。可以借助抖音文化、游戏礼仪、动漫文化、运动会礼仪等多样化的主题来设计文明礼仪活动，提升青少年的参与度；可以灵活运用现代化的教育资源，如影视资料、数字化教育、在线学习平台等，以各种形式为青少年提供其更易接受的文明礼仪教育；可以结合互动游戏、文艺演出、趣味竞赛、主题讲座等各种活动形式，以多种角度和方式向青少年普及文明礼仪知识，让青少年在互动交流中发掘自我、锻炼技能。

结合当下流行文化和时事热点，是增强青少年文化礼仪活动针对性的又一个重要方式。随着互联网、移动电子设备的普及，文化环境正在发生巨大变化，我们应该重视文化礼仪教育新手段的运用，引导青少年树立正确的价值观念，塑造良好的礼仪习惯。例如，针对青少年喜欢的文化艺术形式，开展相关的文化礼仪活动，比如给大家介绍音乐会、话剧演出中常见的礼仪和仪态等。青少年会关注一些文化热点和时事事件，我们可以借助这些事件，引导青少年们讨论社会问题，并为他们提供相应的礼仪指导，巩固他们对于礼仪和家国情怀的理解。通过结合当下流行文化和时事热点的文化礼仪活动，不仅可以提高青少年对礼仪的认识和理解，而且也增强了他们的情感认同和社会参与，使得文化礼仪活动具有更强的针对性。

在不同场合设置不同的文化礼仪活动是增强青少年文化礼仪活动针对性的另一个重要方式。不同的场合和情境，对礼仪和仪态的要求也是不同的，在设计活动时，需要重点针对不同场合和情境进行相关的实践。在社交场合，要提高青少年的行为规范和社交礼仪的意识，比如怎样自我介绍、如何聊天、如何举止得体等。在就业场合，要重点培养青少年的职场礼仪和职业道德。此外，在公共场合排队、注重餐桌礼仪等，都是礼仪教育中需要注意的内容。对此，我们可以根据实际情况，针对不同场合设置相应的文化礼仪活动，更好地帮助青少年全面掌握文化礼仪知识和技能。

开展实践活动，是增强青少年文化礼仪活动针对性的又一个重要方式。在实践活动中，青少年可以积极参与文化活动，加深文化体验，进而形成正确的价值观和行为规范。例如，可以组织文化礼仪实践活动，参观文化展览、博物馆参观、艺术展演等，通过实际参与和感性体验，让青少年更深入地了解和感受文化，更准确、更生动地向青少年们传递正确的价值观观念和道德规范，增强他们的文化自信和文化认同。此外，参加志愿服务也是一种非常好的实践活动，青少年可以了解社会公益事业的意义和价值，学习如何与人沟通、如何照顾他人等，为提升个人素质打下良好基础。在开展实践活动的过程中，可以发挥团队合作的力量，通过小组合作、角色扮演等多种方式，让青少年们在实践中锻炼团队精神、沟通能力和自我管理能力。通过开展礼仪实践活动，让青少年在愉悦、放松的氛围中体验体认社会主义核心价值观，提升道德实践能力，进而形成美好的情感体验和正确的价值判断。

第六章

以文化厚植社会主义核心价值观

文化是一个国家、一个民族的灵魂。当今时代，文化越来越成为民族凝聚力和创造力的重要源泉，越来越成为综合国力竞争的重要因素，越来越成为经济社会发展的重要支撑，谁占领了文化发展的制高点，谁就能在激烈的国际竞争中掌握主动权。国家的生存和发展离不开文化的滋养，社会主义核心价值观必须在文化中厚植和涵养。

第一节

在文化自信中践行社会主义核心价值观

文化兴则国运兴，文化强则民族强。没有高度的文化自信，没有文化的繁荣兴盛，就没有中华民族的伟大复兴。中华文化的自信，来自中华文化的辉煌，来自中华文化历久弥新的时代价值，更来自中华儿女坚定的价值观自信。自古至今，中华文化都熠熠生辉，散发出璀璨绚丽的夺目光芒，不但对中国人的价值观念、生活方式产生了深远独到的影响，也为世界文明的发展进步产生了深远影响，给我们以坚定的文化自信。

一、文化自信是基础的、广泛的、深厚的自信

文化自信是指人们对已有文化成就予以尊敬并为之深感自豪，对自身文化创新能力表现出自信，对文化未来发展前景充满信心。一个民

族、一个国家，如果没有文化自信，没有文化认同感，共有精神家园就失去了文化根基和文化底蕴，难以形成文化优势。在一些特定的时刻，文化会成为决定国家、民族及个人命运的关键因素。文化自信之所以如此重要，"是因为它解决的是这样一些简单而带有终极性的问题，即：我这个民族来到人类世界是有意义的吗？我这个民族在世界民族之林中能生存和发展得更好吗？我这个民族的生存与发展对整个人类是有意义的吗？"① 因此，文化自信与民族自豪感和自信心紧密相关，它激发人们体认到自身所在的民族有决心、有能力自立于世界民族之林，能够为人类发展贡献出自己的智慧和力量。

文化自觉是文化自信的前提，人们只有对自己的文化拥有科学的理性的认知，才能形成不卑不亢的文化心理态度。我们从哪里来？我们又要走向何方？认识和解决这一萦绕在每个文化主体心头的问题，需要对自己的文化有切实的理解和把握，需要对自己文化的前途有坚定信心。文化自觉，是指人们对自身依托的文化及其特点的体认，明白自己的文化从哪里来，现在处在什么方位，又将走向何方，并在理性认知基础上自觉承担起文化责任。费孝通先生就曾指出，文化自觉"指的是生活在一定文化中的人对其文化有'自知之明'，并且对其发展历程和未来有充分的认识。同时，'文化自觉'指的又是生活在不同文化中的人，在对自身文化有'自知之明'的基础上，了解其他文化及其与自身文化的关系。"② 为此，我们需要对自身文化特点予以科学的、理性的分析，

---

① 竹松．"文化自信"从何而来．广西日报，2012 - 03 - 13.
② 费孝通．文化自觉 和而不同：在"二十一世纪人类的生存与发展国际人类学学术研讨会"上的演讲．民俗研究，2000（3）：5 - 14.

对自身文化的优势做深入的理解和把握，在此基础上确立我们的文化自信。正因如此，文化自信绝非一味地自我批判而抹杀文化的意义和价值，也并非一味地赞美而枉顾文化中显见的缺陷。文化自信是通过不断地打破原有状态，在以开放包容的态度汲取他者有益成分的基础上实现对自我的超越。

近代以来中国遭遇西方列强侵扰，中国人的文化自信遭受重大挫伤。如何重建中国的文化自信，如何在继承中华优秀传统文化的基础上开辟文化发展的新天地，是近代以来中国发展必须解决的严峻课题。这一历史重任落到了中国共产党人身上。中国共产党不仅带领人民实现国家富强、政治进步、经济发展，还带领中国人民努力实现中华民族的文化复兴。中国共产党注重从延续民族文化血脉中开拓前进，以科学的、理性的态度对待传统文化，既一脉相承，又随时代的新变化、新发展而与时俱进。

马克思主义中国化的过程，就是把马克思主义基本原理同中国具体实际相结合、同中华优秀传统文化相结合的过程。早在 1938 年，毛泽东同志在党的六届六中全会上就指出："我们是马克思主义的历史主义者，我们不应当割断历史。从孔夫子到孙中山，我们应当给以总结，承继这一份珍贵的遗产。"① 2014 年，习近平总书记在纪念孔子诞辰 2565 周年国际学术研讨会暨国际儒学联合会第五届会员大会开幕会上指出："中国共产党人是马克思主义者，坚持马克思主义的科学学说，坚持和发展中国特色社会主义，但中国共产党人不是历史虚无主义者，也不是

---

① 毛泽东. 毛泽东选集：第 2 卷. 2 版. 北京：人民出版社，1991：534.

文化虚无主义者。我们从来认为，马克思主义基本原理必须同中国具体实际紧密结合起来，应该科学对待民族传统文化，科学对待世界各国文化，用人类创造的一切优秀思想文化成果武装自己。在带领中国人民进行革命、建设、改革的长期历史实践中，中国共产党人始终是中国优秀传统文化的忠实继承者和弘扬者，从孔夫子到孙中山，我们都注意汲取其中积极的养分。"[1] 2016 年 5 月 17 日，习近平总书记在哲学社会科学工作座谈会上指出："坚定中国特色社会主义道路自信、理论自信、制度自信，说到底是要坚定文化自信。文化自信是更基本、更深沉、更持久的力量。"[2] 这三个"更"，凸显了"文化自信"在"四个自信"中的地位。2023 年 6 月 2 日，习近平总书记在文化传承发展座谈会上深刻指出中华文明的五个突出特性：突出的连续性、突出的创新性、突出的统一性、突出的包容性、突出的和平性，并要求坚定文化自信、担当使命、奋发有为，共同努力创造属于我们这个时代的新文化，建设中华民族现代文明。我们要进一步坚定文化自信自强，以实际行动践行新的文化使命，扎实推进中华民族现代文明和社会主义文化强国建设，共同谱写中华文化传承发展的新篇章。

二、体认中华文化的辉煌

文化自信，首先表现为对自身的文化发展历史和现实有一种理性的把握，并在此基础上对自身文化的作用、地位有着清醒的认知。如果对

---

[1] 习近平. 在纪念孔子诞辰 2565 周年国际学术研讨会暨国际儒学联合会第五届会员大会开幕会上的讲话. 人民日报，2014 - 09 - 25 (2).

[2] 习近平. 在哲学社会科学工作座谈会上的讲话. 北京：人民出版社，2016：17.

自己的文化资源、文化传统都不太了解，文化自信就无从谈起。

中国是个文明古国，在五千多年的历史中创造了灿烂辉煌的科技成就、博大精深的中华文化，出现了"文景之治""武宣盛世""贞观之治""开元盛世"等富强时期。从经济发展水平来看，古代中国的经济总量曾经占到世界经济总量的一半以上，直到 18 世纪末期，中国的经济规模仍然是世界上最大的。16 世纪至 18 世纪的中国是世界上最大的商品出口国，那时英国销往中国的商品总值，尚不足以抵消中国卖给英国的茶叶一项，全世界 50 万以上人口的 10 个大城市里中国就占了 6 个。从科技成就来看，古代中国有很多重大科技发明，使中国的农耕、纺织、冶金、手工制造技术长期处于世界先进水平，同时也对周边国家的生产生活产生了重要影响。

辉煌灿烂的中华文明，博大精深的中华文化，不仅影响着一代又一代的中华儿女，也对人类的进步和世界文化的发展产生了深远影响。早在公元前 100 多年，中国就开辟了通往西域的丝绸之路。汉代张骞于公元前 138 年和公元前 119 年两次出使西域，向西域传播了中华文化，也引进了葡萄、苜蓿、石榴、胡麻、芝麻等西域物产。西汉时期，中国的船队就到达了印度和斯里兰卡，用中国的丝绸换取了琉璃、珍珠等物品。中国唐代是中国历史上对外交流的活跃期。据史料记载，与唐代中国通使交好的国家达 70 多个，那时候的都城长安，来自各国的使臣、商人、留学生云集成群。活跃的文化交流使中华文化远播世界，也促进了各国文化和物产传入中国。15 世纪初，明代著名航海家郑和七次远洋航海，抵达非洲东海岸的肯尼亚，留下了中国同沿途各国人民友好交往的佳话。明末清初，中国人积极学习现代科技知识，欧洲的天文学、医学、数学、几何学、地理学知识纷纷传入中国，开阔了中国人的知识视野。中国的造纸术、印刷术、指南针、火药四大发明带动了世界变革，推动了欧洲文艺复兴。中国哲学、文学、医药、丝绸、瓷器、茶叶等传入西方，渗入西方民众日常生活之中。

近代中国由于封建制度的腐朽和帝国主义的侵略而落后了。新中国的成立开启了中华文明复兴的伟大征程。毛泽东曾指出："随着经济建设的高潮的到来，不可避免地将要出现一个文化建设的高潮。中国人被人认为不文明的时代已经过去了，我们将以一个具有高度文化的民族出现于世界。"① 改革开放以来，我们党在全面推进中国特色社会主义事业的伟大进程中，大力发展社会主义文化，积极推进文化体制改革，建设高度的社会主义精神文明，不断丰富人民的精神世界，增强人民的精神力量。一个国家、一个民族的强盛，总是以文化兴盛为支撑的，中华民族的伟大复兴需要以中华文化发展繁荣为条件。伴随中华民族伟大复兴的，必然会是中华文化的繁荣兴盛，中国特色社会主义事业的全面推进必然催生社会主义文化建设新高潮。源远流长的中华文明，曾长期处于世界领先地位，为人类文明做出了不可磨灭的贡献，中华文化理应在现在和将来为人类文明发展做出新的更大的贡献。我们需要坚定文化自信，加强对中华优秀传统文化的挖掘和阐发，推动中华优秀传统文化创造性转化和创新性发展，让中华优秀传统文化在社会主义现代化建设中焕发出旺盛的生命力。

---

① 中共中央文献研究室.毛泽东文集：第5卷.北京：人民出版社，1996：345.

三、理解中华文化历久弥新的时代价值

在当今世界文化体系中，中华文化不仅以其博大精深、包容并蓄、海纳百川的胸怀，与世界各文明展开积极的交流与沟通，为世界文化的发展贡献着自己的力量，同时，它还以独具匠心的思想观念，展现了自身的独特优势。中华文化当中蕴含着许多可以为人类共享的、具有普遍意义的智慧。

（一）崇尚和谐

尚和合、求大同的价值理念，源远流长，是中华优秀传统文化的精髓。中华民族在长期实践中，在处理个人与他人、个人与社会、个人与自身关系时，追求和传承和平、和睦、和谐的思想，形成了重和谐，共存共生、互济双赢的价值理念。在中华文化中，以和为贵，与人为善，己所不欲、勿施于人等理念代代相传。"地势坤，君子以厚德载物"，表现出一种气量宏大的宽广胸怀。"礼之用，和为贵"，强调以一种和谐友善的态度对待自然、社会和他人，以一种宽广的胸怀处理各种关系。"己所不欲，勿施于人"，强调人际交往中要学会换位思考，自己不愿意的事情不要强加于人。"爱人者，人恒爱之；敬人者，人恒敬之"，强调人际交往不以权压人、以强凌弱，不拿架子，不摆资格，不伤害和侵犯他人利益，相互尊重，平等协商。中国历史上，有无数崇尚和谐、践行友善的典故：廉颇蔺相如将相和、孔融让梨、郑板桥居官爱民、安徽桐城六尺巷的故事等，代代流传。

以和为贵、与人为善的价值理念，也体现在中国与世界各国的交往

中。中国人自古就推崇"协和万邦""亲望亲好，邻望邻好"的和平理念，一直强调国家不分大小、强弱、贫富，都一律平等。在对外关系中，中国一贯遵循互相尊重主权和领土完整、互不侵犯、互不干涉内政、平等互利、和平共处的五项原则，在此基础上与世界各国政府和人民开展友好合作。中国人民从来不愿将自己的意志强加给别人，中国人民更不愿意将自己曾经遭受的苦难强加给他国。中国人自古崇尚"以和为贵""己所不欲，勿施于人"的价值理念。中国近代以来遭受列强入侵，但中国人民绝不会将自己曾经遭受过的悲惨经历强加给其他国家和民族。中国坚定不移走和平发展道路，新中国成立以来从未主动挑起过任何一场战争或冲突，没有侵占别国一寸土地。可以说，"和"的理念，深深地印在中国人的心目中，渗透于中华民族的心理和思维方式之中，成为中国人做人做事的基本准则。

和谐这一价值理念不仅具有鲜明的中国特色、传统特色，同时也具有世界普遍意义。当今世界多极化、经济全球化、社会信息化深入发展，国际社会日益成为你中有我、我中有你的命运共同体，和平、发展、合作、共赢成为不可阻挡的时代潮流。但世界仍然很不安宁。世界经济增长不稳定不确定因素增多，全球发展不平衡加剧；霸权主义、强权政治和新干涉主义有新的发展；民族宗教矛盾、边界领土争端等热点问题复杂多变，小战不断、冲突不止、危机频发仍是一些地区的常态，世界依然面临现实和潜在的局部战争威胁；气候变化、恐怖主义、经济发展、金融危机、网络安全、重大自然灾害和疾病疫情等非传统安全威胁上升。面对人类发展的共同挑战，世界各国应该发扬"和为贵""和而不同"的思想，摆脱零和思维，树立合作共赢的理念，通力合作，搁置争议，共谋发展。无疑，所有这些都是中国传统文化所秉承的"和谐"理念的应有之义。

（二）注重群体利益

在对自由的理解中，中国传统文化尤其是儒家文化，与西方观念特别是西方自由主义的理解有很大不同。在西方自由主义的观念中，自由的主体通常指的是独立的个体，它强调个体相对于他人、国家、社会的独立性、不可侵犯性。因此，在自由主义的视野中，自我是自我规定、自我存在和自我发展的存在者。"个人被认为本质上是其自身及能力的所有权人，他拥有这些并不对社会有任何亏欠。个人并不被认为是一个道德的整体，也不被认为是一个更大社会的一部分，而是被视为他本身的一个拥有者。"①

与自由主义的理解不同，儒家不把自我看作超越于社会关系之外的存在者，相反，认为自我处于社会情境之中。一个人出生于家庭中并成长为社会和国家的一员，而社会和国家又被看作一个扩展了的大家庭，由此，个人的身份通过在家庭内的角色与关系教化得到实现，然后再扩展到更大的共同体之中，即《大学》所言的"格物、致知、诚意、正心、修身、齐家、治国、平天下"。作为社会性的个体，每个人需要承担相应的社会角色，德行也就在践行君臣关系、父子关系、夫妇关系、兄弟关系、朋友关系等基本的人伦中体现出来。由此，德行就表现在个

---

① Macpherson. The Political Theory of Possessive Individualism：Hobbes to Locke. Oxford：Oxford University Press，1962：3.

人能卓越地扮演其特有的角色上。在社会关系性的存在中，一个人通过认识他在这个关系中的角色知道他是谁，并且借助这种认识，知道自己应该做什么，以及自己能够从其他角色中得到什么。人的合适的（appropriate）功能概念就与一套社会角色的观念联系起来了，亦即儒家所言的"义"①。人生意义就体现在对这一角色的忠实践行上。如此一来，自我选择就不是一种任意的行为。每个人的行为实际上与他所继承下来的债务、遗产、合法期望和义务紧密关联在一起。只有获得这种关联性，个人才能获得统一性。每个人的活动是在特定的历史传统中或社会脉络中进行的，人的生命意义的建构与其生活的群体密不可分，而绝不是完全自由选择的结果。正是基于这样的理解，在中国传统文化中，民族利益、国家利益、社会利益占有十分重要的地位。中国传统文化强调每个人对家庭、国家和社会的责任和义务，主张先公后私、见利思义，反对过分强调个人权利的观念，尤其反对自我中心、自私自利。中国古人所强调的群体本位的价值理念，尽管有其时代和历史的局限性，但在个人主义膨胀、人际关系紧张的条件下，强调人与人之间紧密联系，化解人际关系的紧张，促进人与人和谐相处，有其不容忽视的意义和价值。

（三）崇尚独立人格

自古以来，中华民族就讲志向、重节操，始终坚守人格的力量。

---

① 按照美国汉学家郝大维（David Hall）、安乐哲（Roger Ames）的分析，"义"的含义为"合适"，"从社会方面来说，'义'要解决的是个人在其所处共同体中的合适位置问题。"参见郝大维，安乐哲 . 先贤的民主：杜威、孔子与中国民主之希望 . 南京：江苏人民出版社，2004：116.

《论语》云："三军可夺帅也，匹夫不可夺志也。"孔子的这一名言，以工整的句式和毅然决然的语气，表达了这样的信念：人格的力量是不可战胜的。而这种信念又典型地代表着中国文化执着于道德理想的可贵传统。古往今来，对理想人格的追求鼓舞着无数仁人志士对浑浊现实奋勇抗争，激励着人们对美好理想不懈追求。孟子所提出的"富贵不能淫，贫贱不能移，威武不能屈"的大丈夫之标准，可谓是独立人格的典范。孟子的一生始终践行大丈夫独立人格：面对至高无上的君王，他彰显出不卑不亢、踔厉奋发的人格风范；面对外来压力，他秉承持志、尚志的人格品质；在人生道路上，他奉行"穷则独善其身、达则兼善天下"的人格操守。千百年来，中国历史上涌现出了千千万万具有独立人格、强烈社会责任感的仁人志士。"不为五斗米折腰"的陶渊明，不愿"摧眉折腰事权贵"的李白，无不彰显着进退有度、宠辱不惊的处世态度和卓然独立的"大丈夫"人格。这些仁人志士的高尚道德品质和永久的人格魅力，成为中华民族的精神典型，影响着一代又一代中国人。

中国传统文化保持着微妙的张力。与儒家主张入世不同，道家认为，获得自由的方式不是入世，相反，是避开现实，忘却现实。在道家看来，现实生活是一种羁绊、桎梏，是不自由的。因此道家喜好隐遁，或隐身世外，或遁迹山林，如此可避免沾染人间的污秽。道家认为，防止人与自然、人与社会、人与自身异化现象的最好方式是顺其自然。为此，老子鼓励人们找回自然原始的本心，顺应心灵的自然感召，主张"返璞归真"。"璞"代表自然之美，是未经加工的自然材料，保存了事物的本来面目，没有矫揉造作之感；"真"，是假的对立面，是人本来面貌的体现。"返璞归真"，就是要消除一切矫揉造作，保持本真的状态，从而达到真善美的境界。

保持心灵的洒脱，在庄子那里表现为期望一种"天地与我并生，万物与我为一"的精神境界。庄子告诉人们，只有消除功、名、利、禄的束缚，才能回复自然的"本性"，获得人格的独立和精神上的自由。为此，庄子呈现给人们一种逍遥的情景：在无限的宇宙中自由翱翔，以"万物齐一"的眼光俯视大地，实现心灵的超越。以老庄为代表的道家思想，其所主张的"道法自然"、"返璞归真"、不为物所役，不为物所累的思想，深深地影响着中国人的精神世界，对现代人的安身立命有着很强的启示意义。

总之，历经沧桑而积淀传承下来的中华优秀传统文化，具有超越时代局限，反映文明永恒性的价值特征，与整个民族，乃至整个人类的共同利益和福祉相契合，并对社会的发展产生深刻的影响，是我们在世界文化激荡中站稳脚跟的基础。中华优秀传统文化所包含的智慧光芒穿透历史，其思想价值跨越时空，历久弥新，成为人类共有的精神财富。

第二节

立足中华优秀传统文化践行社会主义核心价值观

"求木之长者，必固其根本；欲流之远者，必浚其泉源。"牢固的核心价值观，都有其固有的根本。抛弃传统、丢掉根本，就等于割断了自己的精神命脉。博大精深的中华优秀传统文化是我们在世界文化激荡中站稳脚跟的基础。今天，我们践行社会主义核心价值观，必须立足中华优秀传统文化，从中华优秀传统文化中汲取丰富营养。

一、中华优秀传统文化是中华民族的精神命脉

在五千多年的历史中，勤劳勇敢的中华民族在改造自然和改造社会的过程中，不断更新、丰富自身文化，吸收外来文化的有益精华，创造了源远流长、博大精深的中华优秀传统文化，集中体现了中华民族的精神风貌，彰显了中国人独特的精神世界，是中华民族生生不息、发展壮大的丰厚滋养。中华文化独一无二的理念、智慧、气度、神韵，增添了中国人民和中华民族内心深处的自信和自豪。中华优秀传统文化已成为中华民族的基因，植根在中国人内心，潜移默化影响着中国人的思维方式和行为方式。中华优秀传统文化是中华文明的智慧结晶和精华所在，其中蕴含的思想观念、人文精神、道德规范，不仅是我们中国人思想和精神的内核，对解决人类问题也有重要价值。

中华优秀传统文化是我们民族的根和魂。任何一个国家的文化发展与文化创新，都不是凭空创造的，也不是随意选取的，而是在继承文化传统的基础之上进行的。毛泽东就曾指出，决不能割裂历史，必须继承中华优秀传统文化这一中华民族的宝贵遗产。他认为，中华民族有数千年的历史，"割断历史是不行的，好像什么都是我们白手起家，这种看

法是不对的。"① 习近平总书记指出："中华民族在几千年历史中创造和延续的中华优秀传统文化，是中华民族的根和魂。"② 中华优秀传统文化来源于中华民族的历史实践，积淀着中华民族最深沉的精神追求，包含着中华民族最根本的精神基因，具有重要的历史意义和时代价值。中华传统文化中的优秀成分，对中华文明形成并延续发展几千年而从未中断，对形成和维护中国团结统一的政治局面，对形成和巩固中国多民族和合一体的大家庭，对形成和丰富中华民族精神，对激励中华儿女维护民族独立、反抗外来侵略，对推动中国社会发展进步、促进中国社会利益和社会关系平衡，都发挥了十分重要的作用。"中华民族在长期实践中培育和形成了独特的思想理念和道德规范，有崇仁爱、重民本、守诚信、讲辩证、尚和合、求大同等思想，有自强不息、敬业乐群、扶正扬善、扶危济困、见义勇为、孝老爱亲等传统美德。中华优秀传统文化中很多思想理念和道德规范，不论过去还是现在，都有其永不褪色的价值。"③ 在今天，中华优秀传统文化焕发着勃勃生机，保持着旺盛的生命力，在当代中国人的生活中占据着重要位置。任何时候，我们都不能割断历史、舍弃传统，否则就是割断了中华民族的精神命脉，失去了中华民族的根本，就失去了中华文明的未来。历史和现实都表明，一个抛弃了或者背叛了自己历史文化的民族，不仅不可能发展起来，而且很可能上演一幕幕历史悲剧。

中华优秀传统文化是中华民族最深厚的文化软实力。在对内凝聚起

---

① 中共中央文献研究室．毛泽东文集：第 6 卷．北京：人民出版社，1999：359.
② 习近平．习近平谈治国理政：第 2 卷．北京：外文出版社，2017：426.
③ 习近平．在文艺工作座谈会上的讲话．人民日报，2014－10－15（2）.

中华民族的广泛认同和情感依托的同时，中华优秀传统文化也以其强大的吸引力和感召力在海外展现了中华民族深厚的文化软实力。长期以来，中国传统文化被视作东方文化的主流，不仅在东亚、南亚等地具有深远影响力，也远播世界各地，有的文化成分被其他民族与国家接受并成为自身传统文化的一部分。作为中国传统文化的主流，儒家文化在世界上具有广泛的影响力和吸引力。历史上，儒家文化最先向周边国家传播，并形成了包括朝鲜半岛、日本、越南以及东南亚一些国家和地区在内的儒家文化圈。在朝鲜半岛，公元一世纪时期，儒家文化就已传入。此后，朝鲜半岛的思想文化、政治制度、教育体制等方面，都深受儒家文化的影响，有史记载，高句丽小兽林王二年（372 年）举行了全国性的祭孔大典。1398 年，朝鲜王朝太祖李成桂在今韩国首都首尔设立成均馆，以儒教为核心进行教学，建有文庙，并仿照中国设孔子像、大成殿和大成路。在日本，江户幕府成立以后，就以儒学作为官学进行意识形态建设，为幕藩体制打造精神支柱。日本各处也多见孔子庙。在越南，1075 年，李朝时期首次进行科举考试，此后越南陆续完善发展科举制，一度以儒家思想为主进行考试和选拔。中华优秀传统文化中所蕴含的和谐、和平的思想对于当今社会中各国普遍存在的人与自然的危机、人与人之间的关系紧张、不同文化的冲突等对抗关系具有重要的启发意义，为化"文明冲突"为"文明对话"提供了中国智慧。推动构建人类命运共同体等理念中也无不蕴含着丰富的传统文化思想和价值观。

二、中华优秀传统文化是社会主义核心价值观的深厚源泉

社会主义核心价值观植根于中华文化的沃土，是中华优秀传统文化

的延续和升华，有着深厚的历史渊源。中华优秀传统文化是涵养社会主义核心价值观的重要源泉，社会主义核心价值观蕴含着中华民族共同坚守的道德理想，流淌着中华优秀传统文化的历史血液，镌刻着中华优秀传统文化的特有印记，展现着中华民族五千多年来持续发展的强大精神力量。"富强、民主、文明、和谐，自由、平等、公正、法治，爱国、敬业、诚信、友善"，既鲜明地体现了社会主义中国的价值追求，又是对源远流长的中华优秀传统文化的继承和发展。今天我们倡导的社会主义核心价值观，有许多是传统价值的当代表达，已深深渗透在中国人的精神世界之中。

在国家层面上，社会主义核心价值观倡导富强、民主、文明、和谐，具有深厚的中华优秀传统文化底蕴。中华优秀传统文化中蕴含着丰富的富强思想。早在春秋战国时期，就有了富强的思想。《管子·形势解》中说："主之所以为功者，富强也。故国富兵强，则诸侯服其政，邻敌畏其威，虽不用宝币事诸侯，诸侯不敢犯也。"管子的言论表明了富强作为国家治理者追求的重要目标，具有极高的价值。中国古人不但追求国家的富强，也强调人民富裕的重要性。孔子主张"政在使民富"，管子提出"国必先富民"无不表达了对民富的追求。《尚书》中"民惟邦本，本固邦宁"的思想，孟子"民贵君轻"的主张，尧舜禹民主"禅让"的美谈，唐太宗广开言路、民可载舟覆舟的观点，蕴含着丰富的民本、民主思想。文明是社会进步和国家发展的重要标志。作为礼仪之邦，中国人向来重视对文明的追求。"亲被王教，自属中国，衣冠威仪，习俗孝悌，居身礼仪，故谓之中华"（《唐律名例疏议释义》）。这一论述表达了中国人对礼乐教化的重视。"仓廪实，则知礼节；衣食足，则知荣辱"(《管子·牧民》)的论述，则阐述了物质文明和精神文明之间的关系。和谐是中华传统文化中的重要思想。中国古人追求"乾道变化，各正性命，保合太和，乃利贞"(《易·彖》)的和合思想。不偏不倚、中正和合集中体现了古人对和谐的理解。"天下大同""协和万邦""和而不同"等思想也蕴含着和谐的价值理念。

在社会层面上，社会主义核心价值观倡导的自由、平等、公正、法治根植于中华优秀传统文化的沃土。中国古人对自由有着丰富的理解。在中华优秀传统文化中，自由是孔子"七十而从心所欲，不逾矩"的建立在秩序之上的自由，也是李白"仰天大笑出门去，我辈岂是蓬蒿人""安能摧眉折腰事权贵，使我不得开心颜"的对自由独立人格的追求；还是白居易"行止辄自由，甚觉身潇洒"的自由自在、身心合一的生命体验。《论语》中的"不患寡而患不均"，《墨子·法仪》中的"今天下无大小国，皆天之邑也；人无幼长贵贱，皆天之臣也"，陈胜吴广的"王侯将相，宁有种乎"，都蕴含着平等的思想。《吕氏春秋》中的"昔先圣王之治天下也，必先公，公则天下平矣"，《史记·太史公自序》中的"不别亲疏，不殊贵贱，一断于法，则亲亲尊尊之恩绝矣"，体现了古人对公正的追求。早在战国时期，韩非子等法家就论述了法与国家治理的关系，提出了"以法治国"的主张。管仲提出"凡民者，莫不恶罚而畏罪，是以人君严教以示之，明刑罚以致之"，主张严明刑罚，以此来威慑民众，加强民众的守法意识。法家提出"不别亲疏，不殊贵贱，一断于法"，反对"刑不上大夫"，主张法律面前的平等。《商君书》中指出"故圣人为法，必使之明白易知，名正，愚知遍能知之"，强调法的公开性。所有这些，无不体现了中华传统文化中丰富的法治思想。

在个人层面上，社会主义核心价值观倡导爱国、敬业、诚信、友善，体现了世代中国人对个人德行修养的不懈追求。中华优秀传统文化历来重视个人修养，讲究以德修身，但同时认为个人并不是孤立存在的，而是处于一定的群体中的。中国文化倡导群体高于个人，在由个人向家庭、国家逐级拓展的同心圆式结构的社会中，国家利益是高于个人利益的。爱国正是在个人层面上对群体与个人关系的集中表达。"天下兴亡，匹夫有责""先天下之忧而忧，后天下之乐而乐""愿得此身长报国，何须生入玉门关""僵卧孤村不自哀，尚思为国戍轮台"等诗句无不体现了中国古人的爱国情怀。敬业是中华民族的传统美德。西汉时期的《礼记·学记》中就有"敬业乐群"的记载，朱熹对此的阐释是"敬业者，专心致志以事其业也；乐群者，乐于取益，以辅其仁也"（《朱子文集·仪礼经传通解》）。除敬业外，中国古人还倡导乐业，讲究将责任心与趣味心相结合，正所谓"知之者不如好之者，好之者不如乐之者"。中国古代有非常多的关于诚信的论述。"诚信者，天下之结也"（《管子·枢言》），"诚者，天之道也，诚之者，人之道也"（《礼记·中庸》）等名句都体现了古人对诚信的追求。友善是君子人格中的重要元素。儒家的"君子莫大乎与人为善"（《孟子·公孙丑上》）、"夫子之道，忠恕而已矣"（《论语·里仁》），倡导以包容、推己及人的态度对待他人。道家主张"上善若水。水善利万物而不争，处众人之所恶，故几于道"（《道德经·第八章》），将友善理解为一种更高程度的人生智慧。

　　总之，社会主义核心价值观立足中华优秀文化的丰厚沃土，它以我国传统价值观念作为基本的价值资源，并赋予其反映时代要求的新内涵，展示出了鲜明的民族特色，体现出深厚的历史韵味和中国气派。

三、让中华优秀传统文化在青少年心中"生根发芽"

　　加强中华优秀传统文化教育，是践行社会主义核心价值观，落实立德树人根本任务的重要基础。加强对青少年的中华优秀传统文化教育是一个系统工程，要深入探析中华优秀传统文化与社会主义核心价值观之间的互动融通与内在契合，探究科学有效的教育教学方式，着力寻求中华优秀传统文化教育的多元支撑，使中华优秀传统文化以润物细无声的方式滋润青少年的心灵，使青少年从内心深处感悟中华优秀传统文化的精神内涵和独特魅力，从而自觉担当起传承和发展中华优秀传统文化的重任，自觉做社会主义核心价值观的践行者。

　　要深入挖掘中华优秀传统文化的丰富思想内涵，增强社会主义核心价值观的教育功能。将优秀传统文化教育与践行社会主义核心价值观相结合，要坚持辩证唯物主义和历史唯物主义的立场、观点和方法，坚持民族性与时代性相结合，坚持立足中国又面向世界，在培育学生民族自信心、自豪感的同时，注重引导学生与时俱进、发展创新，树立世界眼光，博采众长。在此基础上，要系统梳理、深入挖掘中华优秀传统文化中与社会主义核心价值观相契合的内容，提炼精华成分，大力开展教育教学活动。从国家、社会、个人三个层面来看，开展中华优秀传统文化教育主要包括以下三方面内容。一是开展以天下兴亡、匹夫有责为重点的家国情怀教育。着力引导青少年筑牢爱国主义情感根基，增强国家认同，树立民族自信，形成为实现中华民族伟大复兴而不懈努力的共同理想追求，培养青少年学生做有自信、懂自尊、能自强的中国人。二是开展以仁爱共济、立己达人为重点的社会关爱教育。着力引导青少年学生正确处理个人与他人、个人与社会、个人与自然的关系，形成乐于奉献、热心公益慈善的良好风尚，培养青少年学生做高素养、讲文明、有爱心的中国人。三是开展以正心笃志、崇德弘毅为重点的人格修养教育。着力引导青少年学生自觉弘扬中华民族优秀道德思想，形成良好的道德品质和行为习惯，培养青少年学生做知荣辱、守诚信、敢创新的中国人。

要把握教育教学规律，分学段有序推进中华优秀传统文化教育，将中华优秀传统文化贯穿国民教育始终。要遵循各阶段学生的认知发展规律和教育教学规律，按照大中小学一体化、循序渐进的原则，在不同学段、不同学科有针对性地开展中华优秀传统文化教育。小学低年级，以培育学生对中华优秀传统文化的亲切感为重点，开展启蒙教育，培养学生热爱中华优秀传统文化的感情。小学高年级，以提高学生对中华优秀传统文化的感受力为重点，开展认知教育，了解中华优秀传统文化的丰富多彩。初中阶段，以增强学生对中华优秀传统文化的理解力为重点，提高对中华优秀传统文化的认同度，引导学生认识我国统一多民族国家的文化传统和基本国情。高中阶段，以增强学生对中华优秀传统文化的理性认识为重点，引导学生感悟中华优秀传统文化的精神内涵，增强学生对中华优秀传统文化的自信心。大学阶段，以提高学生对中华优秀传统文化的自主学习和探究能力为重点，培养学生的文化创新意识，增强学生传承弘扬中华优秀传统文化的责任感和使命感。

要整合学校、家庭、社会力量，提升中华优秀传统文化教育成效。开展中华优秀传统文化教育，离不开全社会的关心支持。要发挥学校的主阵地作用，加强家庭、社会与学校之间的配合，形成互为补充、相互协作的传统文化教育合力。一是要积极开展学校教育。学校是开展中华优秀传统文化教育的主阵地，要把中华优秀传统文化教育系统融入课程和教材体系，强化教材的编写和审订，形成一批覆盖相关学科和各个学段的制作精、层次多、体系化的教材。要提高师资队伍水平，在各项评比中增加传统文化教学和研究人才比重，培养和造就一批中华优秀传统文化教学名师和学科领军人才。组织相关培训，提高各级各类学校教师开展中华优秀传统文化教育的能力和水平。注重开展相关校园文化活动，充分利用校史馆、图书馆、档案馆、校园文化廊等场所开展中华优秀传统文化教育。组织社会实践活动，运用故居旧址、名胜古迹、文化遗产、具有历史文化风貌的街区等，组织学生进行实地考察和现场教学，建立中小学生定期参观博物馆、纪念馆、遗址等公共文化机构的长效机制。紧跟时代潮流和青少年身心发展需求，建设不断适应时代需要的中华优秀传统文化网络教育平台，增强中华优秀传统文化教育的时代性、趣味性和吸引力。二是要充分重视家庭教育的重要作用。常言道："父母是孩子的第一任老师。"家庭对一个人的影响是深远和持久的。要注重发挥家委会等机构的作用，把学校教育与家庭教育紧密结合起来，积极组织开展学生和家长共同参与的优秀传统文化体验、学习活动，倡导家长言传身教，形成良好家风，在潜移默化中正向引导学生，营造弘扬中华优秀传统文化的家庭教育氛围。三是要积极发挥社会教育的力量。近年来，一批弘扬优秀传统文化的电视节目、网络视频吸引了公众关注。《经典咏流传》将经典诗词转化为优美的歌曲，用现代的唱法和曲调来演绎传统经典；《典籍里的中国》甄选最值得讲述的优秀传统文化作品，让书写在典籍里的文字"活"起来；《衣尚中国》透过服饰，理解中国人的审美和精神世界。相关节目在吸引青少年关注的同时，在弘扬中华优秀传统文化、培育和践行社会主义核心价值观中发挥了重要作用，值得学习和借鉴。

第三节

弘扬革命文化涵育社会主义核心价值观

诞生于民族危亡局势下的中国共产党，为中华民族的独立、中国人民的解放作出了不懈努力并付出了巨大牺牲，在波澜壮阔的革命中创造了带有鲜明中国烙印的革命文化。革命文化彰显了中国共产党人对理想信念的无比忠诚，凝聚了中国人民深沉的爱国情怀，不论过去、现在还是将来，都是激励中华儿女为实现中华民族伟大复兴而勇往直前的精神动力。要做好红色基因的传承，培育红色传人，把革命文化蕴含的坚定理想信念、崇高价值追求发扬光大，在新时代把革命先辈开创的伟大事业不断推向前进。

一、革命文化及其特征

革命文化是中国共产党领导中国人民在伟大斗争中构建的文化，它以马克思主义为指导，以"革命"为精神内核和价值取向，继承中华优秀传统文化，借鉴世界优秀文明成果，是具有鲜明中国特色的先进文化。革命文化起源于五四新文化运动和中国共产党成立，形成于新民主主义革命时期，新中国成立以来不断获得丰富发展。革命文化具有以下特征：

第一，革命文化以革命精神为核心。具体而言，中国共产党走过波澜壮阔的道路，构建出以伟大建党精神为源头的独特而丰富的中国共产党人精神谱系，呈现出革命文化的内在精神气质。有学者指出，"建党时期以'五四'精神、红船精神为核心的革命文化；土地革命战争时期以井冈山精神、苏区精神、长征精神为核心的革命文化；解放战争时期以西柏坡精神为核心的革命文化。它们构成了中国共产党培育的中国革命文化的整体性"[①]。

革命精神的核心是爱国主义。正是出于对国家的热爱，才会面对"红旗到底能打多久"的质疑，坚定"星星之火可以燎原"的信念；才会面对日本帝国主义的疯狂侵略和"中国会亡吗？"的疑问，给出"不会亡，最后胜利是中国的"的庄重答复。正是出于对国家的热爱，才会有一代又一代的仁人志士舍生赴死，才会有中国革命进程中无数个体和

---

① 李康平. 中国革命文化基本理论问题研究. 马克思主义研究，2015（7）：122-127.

群体构成的革命英雄群像和谱系。因而，对民族国家之爱，构成了革命
文化的底色。

第二，革命文化以革命英雄人物、革命遗址为依托，呈现在丰富的
革命文化作品中。从中共一大旧址、八路军总部旧址到井冈山、延安等
革命圣地、红色旧址、革命历史纪念场所是革命文化的重要载体。同
时，革命文化反映在形式多样的革命作品中。比如，经典的革命剧目有
《旧世界》《农奴》等，脍炙人口的革命歌谣有《八月桂花遍地香》《送
郎当红军》《义勇军进行曲》《黄河大合唱》等。革命文学作品更是数不
胜数，有鲁迅的《南腔北调集》《风波》、茅盾的《农村三部曲》、萧军
的《八月的乡村》、田汉的《乱钟》、张恨水的《八十一梦》、周立波的
《暴风骤雨》等[①]。这些作品抑或以丰满的人物形象、抑或以扣人心弦
的情节、抑或以激昂动人的旋律，呈现出撼动人心的力量。

第三，革命文化以先进的革命理论为支撑。在革命进程中，马克思
主义中国化第一次飞跃的成果毛泽东思想应运而生。革命理论对革命在
不同时期的性质、前途、命运予以了阐述，对革命依靠的力量、采取的
策略给予了回答。"理论一经掌握群众，也会变成物质力量"[②]。在先进
的革命理论的指导下，中国共产党人根据中国本土实际情况采取具体策
略，进行探索创新，取得了中国革命的伟大胜利。比如，新民主主义革
命理论揭示了中国社会的性质、主要矛盾、革命发生及发展的原因，总
结了中国共产党成立以来的历史经验，极大地增强了中国共产党人革命

---

① 郑自立. 革命文化涵养社会主义核心价值观研究. 北京：中国社会科学出版社，2019：30 - 46.

② 马克思，恩格斯. 马克思恩格斯文集：第 1 卷. 北京：人民出版社，2009：11.

的自觉性。

第四，革命文化以深刻的人民性为指向。中国共产党领导的中国革命，是为了人民大众的革命，也是依靠人民大众的革命。"在 20 世纪 20 年代的革命中，最令人关注的事是：革命在公众中渗透到什么程度？……这些充分发动起来的公众，给现代军队、行政和收税官衙以及政治组织提供了大量后备军。革命的思想常常渗透到各行各业的底层"[①]。人民的力量是中国革命取得成功的最大保证。毛泽东指出，"很短的时间内，将有几万万农民从中国中部、南部和北部各省起来，其势如暴风骤雨，迅猛异常，无论什么大的力量都将压抑不住。他们将冲决一切束缚他们的罗网，朝着解放的路上迅跑。一切帝国主义、军阀、贪官污吏、土豪劣绅，都将被他们葬入坟墓"[②]。

土地革命战争时期，在经历了工人运动的失败后，中国共产党人认识到农民群众中蕴含的蓬勃之力，开始动员和唤起这一广大群体的觉悟与支持。全民族抗日战争时期，依靠抗日民族统一战线下最大程度的团结，中华儿女筑牢了保家卫国的铜墙铁壁，中国共产党的力量迅速发展壮大。"当日本在 1945 年 8 月投降时，两党的力量与 30 年代相比就发生了颠倒。共产党控制了半壁江山，前面是朝气蓬勃的军队，后面是广大民众的支持。"[③] 解放战争时期，解放军背后是人民组成的千军万马。于是，"1949 年在南京以北的内战高潮淮海战役中，国民党的装甲兵团本来保留做最后决战用的，都被像邓小平那样的党的领导人动员的千百

---

① 费正清. 伟大的中国革命 (1800—1985). 北京：世界知识出版社，1999：250 - 251.
② 毛泽东. 毛泽东选集：第 1 卷. 2 版. 北京：人民出版社，1991：13.
③ 石约翰. 中国革命的历史透视. 北京：中国人民大学出版社，2011：178.

万农民挖掘的坦克陷阱所包围了①。因此，学者费正清直言，"1949 年没有一个人能否认中国共产党在毛泽东领导下公公正正地征服了中国"②。

第五，革命文化具有重要的历史地位。一方面，革命文化是中国革命、建设和改革不断成功和顺利推进的精神动力，对于坚定革命意志和理想信念、鼓舞革命士气、凝聚革命队伍、明确革命对象、激发爱国热情具有重要作用。在救亡图存的艰难岁月里，革命文化是党和人民即便在至暗时刻依旧不妥协地坚守的精神支柱。毛泽东深刻地指出，"革命文化，对于人民大众，是革命的有力武器。革命文化，在革命前，是革命的思想准备；在革命中，是革命总战线中的一条必要和重要的战线"。③一百多年来，中国共产党团结带领中国人民，以"为有牺牲多壮志，敢教日月换新天"的大无畏气概，书写了中华民族几千年历史上最恢宏的史诗。这种大无畏气概，正是革命文化的重要显现。另一方面，革命文化是革命实践的伟大创造，是对党和人民在革命时期创造的文化的凝练和总结，是中国特色社会主义文化的重要组成部分，是连接传统文化和社会主义先进文化的纽带和桥梁。"中国特色社会主义文化，源自于中华民族五千多年文明历史所孕育的中华优秀传统文化，熔铸于党领导人民在革命、建设、改革中创造的革命文化和社会主义先进文化，植根于中国特色社会主义伟大实践。"④面对内忧外患，中国共产

---

① 费正清. 伟大的中国革命（1800—1985）. 北京：世界知识出版社，1999：320.
② 同①321.
③ 毛泽东. 毛泽东选集：第2卷. 2版. 北京：人民出版社，1991：708.
④ 习近平. 决胜全面建成小康社会 夺取新时代中国特色社会主义伟大胜利：在中国共产党第十九次全国代表大会上的报告. 北京：人民出版社，2017：41.

党带领中国人民为了实现民族独立、人民解放，国家富强、人民幸福的
双重历史任务不懈奋斗。革命文化集中凝练了这一过程中中华民族的诉
求、愿望与希冀，体现了中华儿女的信仰、追求与气质。"革命文化作
为中华民族革命斗争实践成果，是中华民族所有民族成员共同智慧的结
晶，反映了中华民族成员的最迫切愿望和最根本利益诉求，其中所蕴含
的价值观念、精神气概、伦理制度与行为规范等已为绝大多数民族成员
所认同，并成为中华民族基因密码的重要构件之一"[1]。如果说革命是
"近代中国历史的主调"，是"主导整个近代中国历史发展的一个重要符
码"[2]，那么，革命文化则是近代中国文化的主调，是近代中国历史发
展的重要精神符码。

二、革命文化与社会主义核心价值观的同质互构

党的二十大报告指出："社会主义核心价值观是凝聚人心、汇聚民
力的强大力量。"[3] 当下，我们在大力践行社会主义核心价值观的过程
中，不仅要以中华优秀传统文化为源泉，也要以革命文化为重要基础。
这是因为，革命文化与社会主义核心价值观具有同质互构的关系。革命
文化与社会主义核心价值观的同质互构关系，可以从以下两个方面理解。

（一）革命文化和社会主义核心价值观具有共同的理论基础

第一，革命文化和社会主义核心价值观都以马克思主义为指导。中

---

① 郑自立. 革命文化涵养社会主义核心价值观研究. 北京：中国社会科学出版社，2019：54.
② 王奇生. 革命与反革命：社会文化视野下的民国政治. 北京：社会科学文献出版社，2010：101.
③ 习近平. 高举中国特色社会主义伟大旗帜 为全面建设社会主义现代化国家而团结奋斗：在中国共产党第二十次全国代表大会上的报告. 北京：人民出版社，2022：44.

国共产党领导的中国革命，本身就是中国共产党领导中国人民在马克思主义指导下取得一次次胜利的生动实践，是对马克思主义真理性的证明。"党之所以能够领导人民在一次次求索、一次次挫折、一次次开拓中完成中国其他各种政治力量不可能完成的艰巨任务，根本在于坚持解放思想、实事求是、与时俱进、求真务实，坚持把马克思主义基本原理同中国具体实际相结合、同中华优秀传统文化相结合，坚持实践是检验真理的唯一标准，坚持一切从实际出发，及时回答时代之问、人民之问，不断推进马克思主义中国化时代化。"[①] 从农民阶级的太平天国运动、地主阶级的洋务运动，到资产阶级的戊戌维新运动与辛亥革命，中国近代史上的一个个群体接力赛跑式的努力先后失败。直到中国共产党成立，以马克思主义这一科学的理论指导中国的革命实践，中国革命才最终结出胜利果实，新民主主义革命和社会主义革命先后取得胜利，社会主义建设和改革开放取得伟大成就。与此同时，在马克思主义基本原理同中国具体实际相结合、同中华优秀传统文化相结合的过程中，马克思主义中国化实现了一次又一次的飞跃，结出了马克思主义中国化的丰硕理论成果。因此，"马克思主义是我们立党立国的根本指导思想，是我们党的灵魂和旗帜。中国共产党坚持马克思主义基本原理，坚持实事求是，从中国实际出发，洞察时代大势，把握历史主动，进行艰辛探索，不断推进马克思主义中国化时代化，指导中国人民不断推进伟大社会革命"[②]。以马克思主义为指导，中国的革命、改革和建设事业取得

---

① 中共中央关于党的百年奋斗重大成就和历史经验的决议 . 北京：人民出版社，2021：66 - 67.
② 习近平 . 在庆祝中国共产党成立 100 周年大会上的讲话 . 北京：人民出版社，2021：12 - 13.

了一个又一个伟大胜利。

　　社会主义核心价值观以马克思主义为指导。马克思主义作为科学的、人民的、实践的、不断发展的、开放的理论，创造性地揭示了人类社会发展规律，为人类的解放指明了前进方向。其中，马克思主义辩证唯物主义和历史唯物主义的世界观和方法论为社会主义核心价值观提供了科学的世界观和方法论，马克思主义鲜明的人民立场为社会主义核心价值观奠定了坚实的人民底色，马克思主义关于生产力和生产关系的思想为社会主义核心价值观提供了规律性的认识，马克思主义对社会建设、文化建设、人与自然关系等方面的思想，为社会主义核心价值观提供了重要思想来源。因此，"马克思主义始终是我们党和国家的指导思想，是我们认识世界、把握规律、追求真理、改造世界的强大思想武器"①。

　　第二，革命文化和社会主义核心价值观都以中华优秀传统文化为底蕴。"中华优秀传统文化源远流长、博大精深，是中华文明的智慧结晶，其中蕴含的天下为公、民为邦本、为政以德、革故鼎新、任人唯贤、天人合一、自强不息、厚德载物、讲信修睦、亲仁善邻等，是中国人民在长期生产生活中积累的宇宙观、天下观、社会观、道德观的重要体现，同科学社会主义价值观主张具有高度契合性。"② 革命文化是马克思主义与中华优秀传统文化相结合的产物，是在马克思主义中国化的过程中孕育出来的新的文化形态。其中，以伟大建党精神为源头的中国共产党

---

①　习近平 . 在纪念马克思诞辰 200 周年大会上的讲话 . 北京：人民出版社，2018：15.
②　习近平 . 高举中国特色社会主义伟大旗帜 为全面建设社会主义现代化国家而团结奋斗：在中国共产党第二十次全国代表大会上的报告 . 北京：人民出版社，2022：18.

人精神谱系，正是在天下为公、自强不息的中华传统精神的滋养下，中国共产党和中国人民在革命年代血与火的淬炼中，逐步形成和建构的。习近平总书记指出，"伟大长征精神，是中国共产党人及其领导的人民军队革命风范的生动反映，是中华民族自强不息的民族品格的集中展示，是以爱国主义为核心的民族精神的最高体现"①。一个个革命精神的形成，以中华民族自身优秀精神品格为基底，是千百年来伟大精神的接续和发展，是"捐躯赴国难，视死忽如归"情怀的回响。此外，"从革命文化来看，中华优秀传统文化为其打造出道德基因"②。革命文化所折射出的美德和品质，正是中华传统美德在革命时期的延续。革命文化所追求的价值和理念，正是中华优秀传统文化在革命时期的发展。

（二）革命文化和社会主义核心价值观具有共同的目标追求和价值旨趣

革命文化和社会主义核心价值观在不同的历史时空出场，面临不同的具体历史任务，然而，两者都共同肩负实现中华民族伟大复兴的历史使命，以实现共产主义为相同的追求。"二者在目标导向上有着共同的交汇点。这个交汇点就是致力于民族振兴、国家富强和人民幸福"③。革命文化孕育产生于革命时期，面临实现民族独立、人民解放和国家富强、人民幸福的双重任务。革命通过逐步解决中国当下的迫切任务，最

---

① 习近平．在纪念红军长征胜利 80 周年大会上的讲话．人民日报，2016 - 10 - 22（2）.
② 李鸿凯．论革命文化与社会主义核心价值观的同质互构．中学政治教学参考，2021（16）：85 - 88.
③ 田旭明．革命文化：涵育社会主义核心价值观不可或缺的重要载体．思想理论教育导刊，2018（8）：84 - 88.

终旨在实现共产主义。

社会主义核心价值观作为社会主义核心价值体系的高度凝练和集中表达，其提出与践行是为了以价值观层面的共识引领和推进中国特色社会主义伟大事业、实现中华民族伟大复兴的战略任务。面对纷繁复杂的国际局势和多元冲突的价值格局，社会主义核心价值观在国家、社会和公民个人三个层面确立了我们应该追求的价值目标、应该选择的价值取向、应该坚守的价值准则，明确了当下主流价值观所支持的和所反对的，明确了什么是真善美，什么是假丑恶，从而有助于坚定共同理想、夯实共同信念、抵制错误思潮，培养担当民族复兴大任的时代新人。

同时，革命文化和社会主义核心价值观具有共同的理论旨趣。社会主义核心价值观倡导富强、民主、文明、和谐，自由、平等、公正、法治，爱国、敬业、诚信、友善，但这些追求亦是革命时期中国共产党和中国人民的价值追求，是革命文化的重要内容。

比如，在国家层面，中国共产党和中国人民致力于建设一个富强的中国。面对"中国向何处去"的疑问，毛泽东指出，"我们不但要把一个政治上受压迫、经济上受剥削的中国，变为一个政治上自由和经济上繁荣的中国，而且要把一个被旧文化统治因而愚昧落后的中国，变为一个被新文化统治因而文明先进的中国"①。在抵御外侮、赢得民族独立、人民解放的过程中，对民主的追求从未停止。毛泽东在回答有关中国共产党能否跳出历史兴亡周期率的时候讲，"我们已经找到新路，我们能跳出这周期率。这条新路，就是民主。只有让人民来监督政府，政府才

---

① 毛泽东.毛泽东选集：第2卷.2版.北京：人民出版社，1991：663.

不敢松懈。只有人人起来负责，才不会人亡政息"①。无论是抗日根据地的"三三制"民主政权建设，还是中国共产党与民主党派的团结合作、中国人民政治协商会议的召开，等等，都是民主在中国落实的生动写照。

比如，在个人层面，革命文化中蕴含着强烈的爱国情怀。中国的革命进程，是中国共产党和中国人民面对山河破碎而奋起反抗的历史，是救亡图存、浴血奋战的历史。在其中，一代代人为国家、为民族而战，为国家、为民族而死。中国共产党和中国人民，用自己的生命和鲜血表达了对国家、对民族赤诚的爱。

在此，革命文化与社会主义核心价值观的同质互构关系就清晰地呈现出来。一方面，革命文化是涵养社会主义核心价值观的重要资源。社会主义核心价值观的涵育不是在真空中进行的，而是以中华优秀传统文化、革命文化、社会主义先进文化为依托的。革命文化中炽热的革命精神，先进的革命理论，丰富的革命人物、革命事迹、革命遗址，形式多样的革命文艺作品，等等，为培育社会主义核心价值观提供了丰富的资源。比如，对于革命精神中的长征精神，习近平总书记指出，"伟大长征精神，作为中国共产党人红色基因和精神族谱的重要组成部分，已经深深融入中华民族的血脉和灵魂，成为社会主义核心价值观的丰富滋养，成为鼓舞和激励中国人民不断攻坚克难、从胜利走向胜利的强大精神动力"②。真实而感人的英雄故事具有很强的说服力和感召力，可以

---

① 中共中央文献研究室. 毛泽东年谱（一八九三——一九四九）（修订本）：中. 北京：中央文献出版社，2013：611.

② 习近平. 在纪念红军长征胜利 80 周年大会上的讲话. 人民日报，2016-10-22（2）.

成为涵育社会主义核心价值观的有力武器，而革命文艺作品"是进行社会主义核心价值观培育的优秀载体，这些革命文化资源具有形象鲜活、感染力强的特点，它们适用于营造进行核心价值观教育的良好情境，让广大受众身临其境，感同身受，在不知不觉中受到教化。"① 另一方面，社会主义核心价值观是弘扬革命文化的价值引领。社会主义核心价值观凝练地体现社会主义核心价值体系的根本性质和基本特征，反映社会主义核心价值体系的丰富内涵和实践要求。富强、民主、文明、和谐，自由、平等、公正、法治，爱国、敬业、诚信、友善，这十二个词是我们党凝聚全党全社会价值共识作出的重要论断，表达了中国特色社会主义的发展要求。如同上文所述，这十二个词，也是革命时期中国共产党和中国人民的共同价值诉求。在挽救国家危亡、实现民族独立的中国革命过程中，对富强、民主、文明、和谐的国家的追求，对自由、平等、公正、法治的社会的建构，对爱国、敬业、诚信、友善的品质的坚守，亦从来没有停止。因而，社会主义核心价值观以具体而明确的方式提炼出了中国共产党和中国人民一以贯之的价值诉求，从而引领着当下的价值观建设与文化的发展。

三、弘扬革命文化，传承红色基因，培育红色传人

党的二十大报告指出，"弘扬以伟大建党精神为源头的中国共产党人精神谱系，用好红色资源，深入开展社会主义核心价值观宣传教育，深化爱国主义、集体主义、社会主义教育，着力培养担当民族复兴大任

---

① 郑自立. 革命文化涵养社会主义核心价值观研究. 北京：中国社会科学出版社，2019：91.

的时代新人。"① 具体来讲，依托革命文化涵育社会主义核心价值观，利用革命文化资源加强青少年核心价值观教育，培养社会主义建设者和接班人，可以从以下两个方向着力。

第一，在内容层面，深入挖掘、充分利用革命文化资源，为青少年社会主义核心价值观培养提供有力支撑。习近平总书记指出，"对我们共产党人来说，中国革命历史是最好的营养剂。多重温这些伟大历史，心中就会增加很多正能量"②。中国革命经过血与火的洗礼凝结出丰富的革命文化资源，需要被进一步挖掘。要深化对革命文化的学理研究，改变学界对革命文化研究的碎片和零散的状态，推动对革命文化等相关概念的权威认定，从而在理论的最深层次回答青少年"为什么要学习革命文化""什么是革命文化"等的追问，提升革命文化研究的理论深度与价值高度，建立弘扬革命文化的理论自信。要深入发掘革命文化中的英雄模范人物，讲好英雄故事，彰显可歌可泣的英雄故事所蕴含的炽热革命精神，使先进典型成为青少年的行为标杆和道德楷模，充分发挥英雄人物的率先垂范作用和榜样力量。要在加大对革命文化遗址、遗物和遗迹系统性保护的同时，组织青少年瞻仰革命纪念地、访问革命英雄纪念馆、参观烈士陵园，"重走长征路"等系列实践活动，使青少年重温革命先辈的足迹、体悟先辈的不易，从而实现价值观的传递与塑造。

第二，在形式层面，充分发挥学校教育的引导作用，开展形式多样

---

① 习近平. 高举中国特色社会主义伟大旗帜 为全面建设社会主义现代化国家而团结奋斗：在中国共产党第二十次全国代表大会上的报告. 北京：人民出版社，2022：44.

② 李斌，李涛. 党面临的"赶考"远未结束：习近平总书记再访西柏坡侧记. 人民日报，2013－07－14（1）.

的革命文化教育活动。一方面，要深入贯彻习近平总书记关于革命传统教育要从娃娃抓起的重要指示，把弘扬革命文化融入国民教育全过程，建构有目标、分阶段的教育体系，打造弘扬革命文化的有效形式和长效机制。以青少年为受众开展革命文化教育，要考虑青少年的身心特点，遵循青少年的认知规律，采取一体化设计和分学段安排相结合的方式，由浅入深地开展革命文化教育，将革命文化资源有机融入各个学科的教学过程。要把革命文化教育作为思政课程和课程思政的重点内容，整体规划、协同落实革命文化教育的各个环节。另一方面，要创新教育形式，为青少年社会主义核心价值观培养提供多样化的方式。要根据青少年的兴趣爱好，在革命教育基地开展专题式展览，充分利用现代科学技术，创新革命文化教育形式，开展对革命文化遗址的情景虚拟体验活动。充分利用既有优秀革命文化作品，创作更多反映革命文化、适合青少年观看的影视剧目、纪录纪实和动画动漫作品，加大对反映革命文化的优秀产品的推广力度，发挥文艺作品的育人功能。近些年来，以《觉醒年代》等为代表的作品在青少年群体中广受好评。我们要加强对类似文艺精品的创作力度，不断增强青少年对革命文化的认同感。要进一步发挥各种重要纪念日蕴藏的教育功能，充分利用革命烈士纪念日、南京大屠杀死难者国家公祭日等重要节日，举行青少年集体参与的庄严纪念仪式与活动，形成弘扬革命文化的社会氛围。要充分利用主流新闻媒体和新兴网络平台，推送革命故事、革命人物事迹，发挥社会舆论的引导力量，增强革命文化的影响力。要开展演讲比赛、知识问答、革命纪念场馆讲解员志愿服务等活动，增强青少年对革命文化的感受度。

第四节

用社会主义先进文化厚植社会主义核心价值观

社会主义先进文化以马克思主义为指导，顺应人类社会发展方向，与社会主义核心价值观高度契合，是体现人类文明发展进步的文化。社会主义先进文化是激发文化自信的重要力量源泉，是全党全国各族人民团结奋斗的共同思想基础，是国家文化软实力和中华文化影响力的重要基石。大力践行社会主义核心价值观，必须立足社会主义先进文化的沃土。

一、社会主义先进文化指引文化前进方向

2011 年，《中共中央关于深化文化体制改革 推动社会主义文化大发展大繁荣若干重大问题的决定》指出，"社会主义先进文化是马克思主义政党思想精神上的旗帜，文化建设是中国特色社会主义事业总体布局的重要组成部分"①，明确了社会主义先进文化建设的重要性；2017 年，党的十九大报告指出，"发展中国特色社会主义文化，就是以马克思主义为指导，坚守中华文化立场，立足当代中国现实，结合当今时代条

---

① 中共中央关于深化文化体制改革 推动社会主义文化大发展大繁荣若干重大问题的决定.
中国青年报，2011 - 10 - 26（1）.

件，发展面向现代化、面向世界、面向未来的，民族的科学的大众的社会主义文化，推动社会主义精神文明和物质文明协调发展"①，对中国特色社会主义文化的指导思想、基本属性等给予了界定；2019年，《中共中央关于坚持和完善中国特色社会主义制度 推进国家治理体系和治理能力现代化若干重大问题的决定》指出，"坚持和完善繁荣发展社会主义先进文化的制度，巩固全体人民团结奋斗的共同思想基础"②。2022年，党的二十大报告指出，"要坚持马克思主义在意识形态领域指导地位的根本制度，坚持为人民服务、为社会主义服务，坚持百花齐放、百家争鸣，坚持创造性转化、创新性发展，以社会主义核心价值观为引领，发展社会主义先进文化，弘扬革命文化，传承中华优秀传统文化，满足人民日益增长的精神文化需求，巩固全党全国各族人民团结奋斗的共同思想基础，不断提升国家文化软实力和中华文化影响力"③。

社会主义先进文化，是以中华优秀传统文化、革命文化为来源，以马克思主义为根本指导，以当代中国现实为生成基础，以面向现代化、面向世界、面向未来为指向，以民族性、科学性、大众性为属性的中国特色社会主义文化。社会主义先进文化指引文化前进方向。文化冲突的实质是其背后的价值的冲突。在多元价值的交流与碰撞中，社会主义先进文化能够实现价值方向的引领和价值秩序的构建。当今世界，全球化

---

① 习近平.决胜全面建成小康社会 夺取新时代中国特色社会主义伟大胜利：在中国共产党第十九次全国代表大会上的报告.北京：人民出版社，2017：41.
② 中共中央关于坚持和完善中国特色社会主义制度 推进国家治理体系和治理能力现代化若干重大问题的决定.人民日报，2019-11-06 (1).
③ 习近平.高举中国特色社会主义伟大旗帜 为全面建设社会主义现代化国家而团结奋斗：在中国共产党第二十次全国代表大会上的报告.北京：人民出版社，2022：43.

深入发展，现代化加速推进，世界上不同国家、不同民族、不同信仰的人们具有不同的价值观，提出不同价值诉求，整个价值谱系呈现出一幅色彩斑斓的图景，韦伯提出的价值层面的"诸神之战"正在成为现实。"那些古老的神，魔力已逝，于是以非人格力量的形式，又从坟墓中站了起来，既对我们的生活施威，同时他们之间也再度陷入无休止的争斗之中"①。当今中国，改革开放进入深水区。然而，改革开放以来价值观的转型和嬗变依旧在进行。市场经济在极大地解放了生产力的同时，强化了人们的利益意识。正如马克思曾深刻指出的那样，在有些人看来，"人和人之间除了赤裸裸的利害关系，除了冷酷无情的'现金交易'，就再也没有任何别的联系了"②。改革开放以来，我们党坚持两手抓、两手硬，推动社会主义文化繁荣发展，但与此同时，拜金主义、享乐主义、极端个人主义思潮不时出现，个别社会成员世界观、人生观、价值观出现扭曲，道德失范、诚信缺失现象屡见不鲜。面对同一情况，究竟孰是孰非、孰对孰错，什么是真善美、什么是假丑恶，不同的人却可能给出截然相反的回答。

"如果一个社会没有共同理想，没有共同目标，没有共同价值观，整天乱哄哄的，那就什么事也办不成。我国有13亿多人，如果弄成那样一个局面，就不符合人民利益，也不符合国家利益。"③ 在社会主义现代化建设全面推进的当代中国，价值需要引领，共识需要达成。以社会主义先进文化指引文化前进方向、以社会主义核心价值观引领社会思

---

① 韦伯. 学术与政治：韦伯的两篇演说. 北京：生活·读书·新知三联书店，2005：41.
② 马克思，恩格斯. 马克思恩格斯文集：第2卷. 北京：人民出版社，2009：34.
③ 习近平. 在网络安全和信息化工作座谈会上的讲话. 人民日报，2016-04-26 (2).

潮的任务更为迫切。

二、社会主义先进文化与社会主义核心价值观的高度契合

党的二十大报告指出，"以社会主义核心价值观为引领，发展社会主义先进文化"①。当下，我们在培育和践行社会主义核心价值观的过程中，不仅要以中华优秀传统文化为来源，以革命文化为基础，更要以社会主义先进文化为涵育土壤。这是因为，社会主义先进文化与社会主义核心价值观具有高度契合的关系。社会主义先进文化和社会主义核心价值观的高度契合，主要体现在以下几个维度。

从指导思想来看，社会主义先进文化和社会主义核心价值观都以马克思主义为指导。社会主义核心价值观以马克思主义为指导，在上一节中已经有所阐述。社会主义先进文化亦坚定不移地以马克思主义为指针。马克思主义的指导地位，是社会主义意识形态的鲜明标识，是社会主义意识形态质的规定性。正是马克思主义奠定了先进文化的社会主义本质，确立了先进文化的社会主义属性。社会主义先进文化是以马克思主义为根本指导、以中国本土和当代的具体实践为沃土生发而出的。也正是马克思主义，标注了先进文化的社会主义属性。

从时空定位来看，社会主义先进文化和社会主义核心价值观都是中国特色社会主义的内在组成部分。"中国特色社会主义是党和人民历经千辛万苦、付出巨大代价取得的根本成就，是实现中华民族伟大复兴的

---

① 习近平. 高举中国特色社会主义伟大旗帜 为全面建设社会主义现代化国家而团结奋斗：在中国共产党第二十次全国代表大会上的报告. 北京：人民出版社，2022：43.

正确道路。"① 历史充分表明，中国的革命、建设、改革事业取得成功的关键，即在于高举中国特色社会主义的伟大旗帜，坚定不移地发展中国特色社会主义。马克思主义从来都不是空洞死板的教条，作为一种强大的理论武器，其真正作用的发挥必须结合当时当地的具体情况。于是，我们看到了马克思主义中国化在中国的一次又一次飞跃，其理论成果既是思想的总结，更对中国不同阶段的实践发挥着巨大的指导作用。当下，"中国特色社会主义既为社会主义先进文化建设提供了统一思想、凝聚共识的奋斗目标和精神动力，又为培育和践行社会主义核心价值观提供了旗帜鲜明的时代主题和前进方向"②。

从基本属性来看，社会主义先进文化和社会主义核心价值观都具有鲜明的人民性。坚持以人民为中心的工作导向，是社会主义先进文化建设的出发点和落脚点。文化发展为了人民、文化发展依靠人民、文化发展成果由人民共享；以"人民欢迎不欢迎，人民高兴不高兴，人民满意不满意"为价值取向，为人民而创作，不断满足人民日益增长的精神层面的需求，丰富人民的精神世界。社会主义核心价值观来源于人民群众，其培育和践行紧密依靠群众。社会主义核心价值观坚持以人为本，尊重群众主体地位，最大限度地体现人民群众的价值诉求，这与社会主义先进文化在价值追求上具有高度一致性。

社会主义先进文化和社会主义核心价值观都直面当下中国特色社会主义建设，具有鲜明的发展性。社会主义先进文化是时代的产物，它在

---

① 习近平. 在庆祝中国共产党成立 100 周年大会上的讲话. 北京：人民出版社，2021：13.
② 蒋艳. 社会主义先进文化与社会主义核心价值观的共同属性论. 思想教育研究，2019（1）：58 – 61.

赓续传统文化、传承革命文化的基础上，随着时代和实践的发展而不断更新、丰富、充实自己的内容。一切人类的最新文明成果都是社会主义先进文化吸取的对象。社会主义核心价值观"以现实的时代变革与社会发展作为导向，以崇高的理想追求和美好的生活愿景作为目标"[①]。社会主义核心价值观的表述虽然只是固定的 12 个词，然而其对国家、社会、个人所提出的规范性期待的实现是在时间的行进中逐步展开的。

三、用社会主义先进文化引导青少年树立正确价值观

青少年是践行社会主义先进文化的主力军，是担负中华民族伟大复兴使命的接棒者。以社会主义先进文化厚植社会主义核心价值观，加强青少年核心价值观教育，可以从以下几方面着手。

（一）坚持马克思主义立场

马克思主义及其中国化的理论成果是被实践证明了的科学理论体系，是党和国家的指导思想，是中国特色社会主义先进文化的灵魂，为文化建设指明了正确方向。

以马克思主义为指导是中国特色社会主义先进文化的鲜明特征，也是我国文化建设的重要经验总结。中华民族曾经创造了辉煌灿烂的文化，为人类文明做出了巨大贡献。在近代，中国由于封建制度的腐朽和帝国主义的侵略而落后了。为了应对西方文化的冲击，再铸中华文化的辉煌，无数仁人志士苦苦探索救国救民的真理。各种主义和主张依次出

[①] 艾斐. 用先进文化厚植和涵养社会主义核心价值观. 红旗文稿，2018（18）：28 - 29.

场，各种组织和政党依次登台。历史证实了一个结论：奉行"全盘西化论"或"文化复古主义"，都不能解决中国文化走向何处的问题，无法使中华文化走向复兴之路。

中国人民找到了马克思主义这一科学理论后，才从根本上解决了中国的前途和命运问题。马克思主义传入中国，是中华民族由衰微走向重振的重要转折点。中国共产党自成立以来，就以马克思主义为指导，肩负起实现中华民族伟大复兴的历史使命。民族的复兴必然伴随着文化的复兴。中国共产党将马克思主义基本原理同中国具体实际紧密结合起来，科学对待民族传统文化，科学对待世界各国文化，用人类创造的一切优秀思想文化成果武装自己，开创了中华文化复兴的光明前景。对此，毛泽东深刻指出："自从中国人学会了马克思列宁主义以后，中国人在精神上就由被动转入主动。从这时起，近代世界历史上那种看不起中国人，看不起中国文化的时代应当完结了。"① 我们要立足中国实际，面向现代化、面向世界、面向未来，巩固马克思主义在意识形态领域的指导地位，发展社会主义先进文化。

以马克思主义为指导大力发展社会主义先进文化，要求我们坚持马克思主义在意识形态领域的指导地位，坚定不移地用习近平新时代中国特色社会主义思想统领思想文化建设，用党的创新理论指导中国特色社会主义文化建设的理论与实践，确保文化建设始终朝着正确的方向前进。要抓好马克思主义理论教育，深化学生对马克思主义历史必然性和科学真理性、理论意义和现实意义的认识，引导学生用马克思主义的立

---

① 毛泽东.毛泽东选集：第4卷.2版.北京：人民出版社，1991：1516.

场观点方法认识人类社会发展的客观规律，让学生深刻感悟马克思主义真理的力量，为学生成长成才打下科学思想基础。要坚持强化创新理论武装，始终坚持把开展习近平新时代中国特色社会主义思想教育作为青少年教育的重要内容，全面推动习近平新时代中国特色社会主义思想进教材、进课堂、进头脑，让广大青少年学生准确把握这一重要思想的时代背景、科学体系、精神实质、实践要求，深入领会这一重要思想的重大政治意义、理论意义、实践意义，努力掌握蕴含其中的马克思主义立场观点方法，从中感知核心要义、感知真理光辉，真正将之内化于心、外化于行，融入血脉、铸入灵魂，转化为报效祖国的实际行动。

（二）大力发展文化产业

文化的内核是价值观，但价值观往往通过有形的文化产品来展现。因此，价值观往往被物化成商品并通过市场经济运作的方式加以传播。例如，随处可见的可口可乐产品和广告其实是美国消费文化的缩影；好莱坞大片往往反映的是美国对个人主义等价值理念的追求。通过将价值理念附着在有形的产品上，实现价值理念的对外传播和输出，这是现时代国家间价值观交流乃至较量的重要方式。从这一意义上讲，谁的文化产品制作更精良，更受到消费者的青睐，谁的价值观念就会得到更为有效的传播。长期以来，我们的文化产品在与西方文化产品的较量中处于弱势，在国际市场的占有份额比较低。通过发展文化产业，开发文化产品增强中华文化的传播力就变得十分重要。近年来，我国通过机制和体制创新，推出了一批有影响力的文化创意作品。例如，奥飞娱乐 2015年推出的《超级飞侠》动画片，华强方特深圳动漫有限公司推出的《熊出没》系列动画片，在国内外取得了很高的收视率。再比如，近年来，故宫博物院立足传统，开拓创新，在互联网社交媒体的助推下，运用"互联网＋"的新思维发展故宫文创，成功打造了故宫新形象，古老的故宫文化被赋予了新的时代内涵，传统的东方美学焕发出新的生机和活力。我们应该进一步加大文化创意产品的生产力度，创作出富有竞争力和魅力，为广大青少年喜闻乐见的文化产品，引导青少年在具体的文化体验中理解、体悟、认同社会主义核心价值观。

（三）创作文化精品力作

文运同国运相牵，文脉同国脉相连。实现中华民族伟大复兴，是一场震古烁今的伟大事业，需要坚韧不拔的伟大精神，也需要振奋人心的伟大作品。生逢伟大时代是我们的幸运，创造伟大事业是我们的责任。新时代为文艺创作、学术创新提供了无比广阔的天地。广大文化文艺工作者、哲学社会科学工作者有信心、有能力创作出无愧于我们这个民族、这个伟大时代的优秀作品，书写中华民族新史诗；有责任有义务创作出适合青少年阅读、学习的精品力作。

优秀的文化作品应该是思想性和艺术性的统一，应该有筋骨、有道德、有温度，能够触及人的灵魂，激发人们的共鸣。只有那些蕴含着思想力量，充满道德光芒，饱含人性温度，拥有积极向上价值追求的作品，才能堪称精品力作，才具有无尽的魅力和永恒的价值，才能产生持久而深入的影响。我们要坚持思想精深、艺术精湛、制作精良相统一，推出讴歌党、讴歌祖国、讴歌人民、讴歌英雄的力作。中华优秀传统文化是中华民族的精神命脉，是我们在世界文化激荡中站稳脚跟的坚实基础。文化创作要有文化传统的血脉，要创作更多体现中华文化精髓的优秀作品，展示中华文化的独特魅力。爱国，是人世间最深沉、最持久的情感。文化创作要唱响爱国主义的主旋律，展现中华民族不屈不挠的精神气质，弘扬以改革创新为核心的时代精神，向世界人民展现当代中国人民昂扬奋进、锐意进取的精神状态。要坚持以人民为中心的创作导向，自觉从人民的创造智慧中产生灵感，从社会生活的无尽矿藏中挖掘素材。只有反映人们的生活、表现人们的情感、体现人们的心声、表达人们的愿望的作品，才能引起人们的共鸣，才能激发人们的民族自豪感和爱国心。

结语：帮助青少年扣好人生第一粒扣子

价值观是文化的灵魂，是影响人们思想取向和行为选择的决定性因素，它影响一个人的理想、信念、生活目标，对一个人的一生产生持久而深远的影响。一个人走什么样的人生道路，选择什么样的生活方式，都是在一定的世界观和价值观的指导下进行的。价值观不同，人们在面对公义与私利、生与死等冲突时作出的选择也不同。

青少年是国家和民族的未来，青少年的价值取向决定了未来整个社会的价值取向。青少年阶段是人生的"拔节孕穗期"，是价值观形成和确立的重要时期，抓好这一时期的价值观养成十分重要。这就像穿衣服扣扣子一样，如果第一粒扣子扣错了，剩余的扣子都会扣错。人生的扣子从一开始就要扣好。我们要坚持不懈培育和弘扬社会主义核心价值观，引导广大青少年做社会主义核心价值观的坚定信仰者、积极传播者、模范践行者，不断增进对社会主义核心价值观的认同感，做到内化于心，外化于行。

帮助青少年扣好人生第一粒扣子，需要引导他们不断增长见识。"学如弓弩，才如箭镞。识以领之，方能中鹄。"知识是树立核心价值观的重要基础，勤奋学习是树立核心价值观的重要途径。一个人只有勤于学习，畅游知识的海洋，在丰富知识、深厚学养的基础上，才能形成明辨是非的能力、坚持人生方向的定力。学习是立身做人的永恒主题。梦想从学习开始，事业从实践起步。当今世界正处于知识经济时代，知识在国家经济社会发展和个人事业成功中扮演的角色越来越重要。每个人只有汲取各种有用的知识，掌握扎实的专业知识技能，才能在激烈竞争中获得主动、赢得优势。

"少年易老学难成，一寸光阴不可轻。"要引导青少年珍惜学习时光，把更多时间用在刻苦学习、博览群书、勤于思考上，把更多的精力放在攀登知识高峰、追求人生真理上，将学习作为一种责任、一种精神追求、一种生活方式，树立梦想从学习开始、事业靠本领成就的观念，让勤奋学习成为青春远航的动力，让增长本领成为青春搏击的能量。

"纸上得来终觉浅，绝知此事要躬行。"学到的东西，不能停留在书本上，不能只装在脑袋里，而应该落实到行动上。一个人知识再丰富，上知天文，下知地理，如果缺少实践，不能将所学运用于实际，往往会流于纸上谈兵。每个人既要读有字之书，也要读无字之书；既要善于向书本学习，也要善于向实践学习。要引导青少年积极参加社会实践，走出课堂、走出书斋、走出校门，走进社会、了解社会，在社会中不断磨练自己，在实践中不断提升自己。

帮助青少年扣好人生第一粒扣子，需要引导他们崇德修身。"才者，德之资也；德者，才之帅也。"做人做事第一位的是崇德修身。如果一个民族、一个国家没有共同的核心价值观，莫衷一是，行无依归，那这个民族、这个国家就无法前进。小智可以成一时之功，大德才能成长远之业。做人是做学问、干事业的前提。立德是一个人做人的基础。对于一个人而言，德"立"住了，人才能"树"起来，才能真正成为对国家、对民族、对社会有用的人才。习近平总书记指出："人才培养一定是育人和育才相统一的过程，而育人是本。人无德不立，育人的根本在于立德。这是人才培养的辩证法。"① 教育必须坚持立德树人，以树人为核心、以立德为根本，努力培养担当民族复兴大任的时代新人，培养德智体美劳全面发展的社会主义建设者和接班人。

古往今来，任何国家、任何社会，都是按照自己的政治要求来培养人，从而维护政治统治、维系社会稳定的。我国是中国共产党领导的社会主义国家，这就决定了我们的教育必须把培养社会主义建设者和接班人作为根本任务，培养一代又一代拥护中国共产党领导和我国社会主义制度、立志为中国特色社会主义奋斗终身的有用人才。青少年时期是人发展中一个极为重要的阶段，这一阶段面临的选择很多，能否走好自己的人生道路，关键在于能否以正确的世界观、人生观、价值观为指导。只有以高尚的品德做积淀，才能走得正、走得宽、走得远。

社会主义核心价值观其实是一种德，既是个人的德，也是一种大德，是国家的德、社会的德。教育是塑造灵魂、塑造生命、塑造人的工作，任何教育都内在地具有价值观引领的作用。我们要坚持育人为本、德育为先，围绕立德树人根本任务，将社会主义核心价值观贯穿国民教育全过程，落实到教育教学和管理服务各环节。把师德师风建设摆在突出的位置，培养有理想信念、有道德情操、有扎实学识、有仁爱之心的

---

① 习近平. 在北京大学师生座谈会上的讲话. 北京：人民出版社，2018：7.

"四有"好老师，引导教师积极做社会主义核心价值观的模范践行者，言传身教，以思想育人，以榜样带人，更好地担当起学生健康成长指导者和引路人的责任。

帮助青少年扣好人生第一粒扣子，需要引导他们明辨是非。是非观是一个人的行为导向，有什么样的是非观，就有什么样的行为习惯。是非观反映了一个人的人生观、世界观、价值观和权力观、事业观、义利观。正确的是非观是一个人得以安身立命的基石。只有明辨是非，区分善恶，辨析真假，才能决定自己应该做什么，不应该做什么，才能抵制诱惑，扬善抑恶，做一个正直善良、遵纪守法的人。

随着经济社会的发展，人们的思想道德素质和社会文明程度明显提升。但一些领域也还存在着道德失范、诚信缺失的现象，是非颠倒、荣辱不辨；一些人思想道德滑坡，人生观、价值观扭曲；社会心态失衡，拜金主义、享乐主义、利己主义等思想滋生蔓延，在一些领域和一些人当中，价值判断没有了界限、丧失了底线，甚至以假乱真、以丑为美、以耻为荣。

水不明则腐，镜不明则锢，人不明则堕于云雾。直面这些纷繁多变、鱼龙混杂、泥沙俱下的思潮，我们需要通过有效的方式教育和引导青少年具备明辨是非的能力，明白可以做什么，不可以做什么，应该怎么做，不应该怎么做，不断汲取和弘扬真善美等"正能量"，自觉做良好道德风尚的建设者、社会文明进步的推动者。

帮助青少年扣好人生第一粒扣子，需要引导他们做到知行合一。道不可坐论，德不能空谈。于实处用力，在知行合一上下功夫，社会主义核心价值观才能内化为人们的精神追求，外化为人们的自觉行动。"道虽迩，不行不至；事虽小，不为不成。"每一项事业，不论大小，都是靠脚踏实地、一点一滴干出来的。成功的背后，永远是艰辛努力。"合抱之木，生于毫末；九层之台，起于累土；千里之行，始于足下。"任何一项事业的成功、所有成绩的取得，莫不是经过水滴石穿的坚持、千锤百炼的艰辛。要把蓝图变为现实，必须不驰于空想、不骛于虚声，一步一个脚印，踏踏实实干好工作。

空谈误国，实干兴邦。习近平总书记指出："社会主义是拼出来、干出来、拿命换来的，不仅过去如此，新时代也是如此。"正是因为一代代人的埋头苦干和接力奋斗，中华民族的伟大复兴才展现出如此光明的前景，社会主义现代化强国的目标才越来越接近现实。我们要大力开展时代使命和责任意识教育，培养奋斗精神，不贪图安逸，不惧怕困难，不怨天尤人，意识到"世界上没有坐享其成的好事，要幸福就要奋斗"，体会到"青春由磨砺而出彩，人生因奋斗而升华"，引导青少年树立高远志向，历练敢于担当、不懈奋斗的精神，具有勇于奋斗的精神状态、乐观向上的人生态度，学会扎扎实实干事，踏踏实实做人，做到埋头苦干，从自身做起，从点滴做起，用勤劳的双手、一流的业绩成就属于自己的精彩人生。

参考文献

一、著作类

[1] 马克思，恩格斯．马克思恩格斯选集：第 1—4 卷．3 版．北京：人民出版社，2012.

[2] 马克思，恩格斯．马克思恩格斯文集：第 1—2 卷．北京：人民出版社，2009.

[3] 马克思，恩格斯．马克思恩格斯全集：第 33、47 卷．北京：人民出版社，2004.

[4] 列宁．列宁选集：第 1—4 卷．3 版修订版．北京：人民出版社，2012.

[5] 毛泽东．毛泽东选集：第 1—4 卷．2 版．北京：人民出版社，1991.

[6] 中共中央文献研究室．毛泽东文集：第 5 卷．北京：人民出版社，1996.

[7] 邓小平．邓小平文选：第 2 卷．2 版．北京：人民出版社，1994.

[8] 习近平．习近平谈治国理政．北京：外文出版社，2014.

[9] 习近平．习近平谈治国理政：第 2 卷．北京：外文出版社，2017.

［10］习近平．习近平谈治国理政：第3卷．北京：外文出版社，2020．

［11］习近平．习近平谈治国理政：第4卷．北京：外文出版社，2022．

［12］习近平．高举中国特色社会主义伟大旗帜 为全面建设社会主义现代化国家而团结奋斗：在中国共产党第二十次全国代表大会上的报告．北京：人民出版社，2022．

［13］习近平．决胜全面建成小康社会 夺取新时代中国特色社会主义伟大胜利：在中国共产党第十九次全国代表大会上的报告．北京：人民出版社，2017．

［14］习近平．在庆祝中国共产党成立100周年大会上的讲话．北京：人民出版社，2021．

［15］中共中央文献研究室．习近平关于社会主义文化建设论述摘编．北京：中央文献出版社，2017．

［16］习近平．习近平关于注重家庭家教家风建设论述摘编．北京：中央文献出版社，2021．

［17］习近平．在会见第一届全国文明家庭代表时的讲话．北京：人民出版社，2016．

［18］习近平．青年要自觉践行社会主义核心价值观：在北京大学师生座谈会上的讲话．北京：人民出版社，2014．

［19］习近平．在哲学社会科学工作座谈会上的讲话．北京：人民出版社，2016．

［20］习近平．在纪念马克思诞辰200周年大会上的讲话．北京：人民出版社，2018．

［21］中共中央关于党的百年奋斗重大成就和历史经验的决议．北京：人民出版社，2021．

［22］中共中央文献研究室，中央档案馆．建党以来重要文献选编（1921—1949）：第1—26册．北京：中央文献出版社，2011．

［23］中共中央文献研究室．十八大以来重要文献选编：中．北京：中央文献出版社，2016．

［24］中共中央党史和文献研究院．十九大以来重要文献选编：中．北京：中央文献出版社，2021．

［25］中共中央文献研究室．毛泽东年谱（一八九三—一九四九）（修订本）：中．北京：中央文献出版社，2013．

［26］梁漱溟．东西文化及其哲学．北京：商务印书馆，1999．

［27］张品兴．梁启超全集：第1册．北京：北京出版社，1999．

［28］韩震．全球化时代的文化认同与国家认同．北京：北京师范大学出版社，2013．

［29］张旭东．全球化时代的文化认同：西方普遍主义话语的历史批判．北京：北京大学出版社，2009．

［30］常轶军．现代化与政治认同．北京：中国社会科学出版社，2020．

［31］李友梅，肖瑛，黄晓春．社会认同：一种结构视野的分析．上海：上海人民出版社，格致出版社，2007．

［32］王葎．价值观教育的合法性．北京：北京师范大学出版社，2009．

［33］晏辉．现代性语境下的价值与价值观．北京：北京师范大学出版社，2009.

［34］陈来．中华文明的核心价值：国学流变与传统价值观．北京：生活·读书·新知三联书店，2016.

［35］马戎．中国民族史和中华共同文化．北京：社会科学文献出版社，2012.

［36］陈福康．中国译学理论史稿．上海：上海外语教育出版社，2000.

［37］杨治良，孙连荣，唐菁华．记忆心理学．上海：华东师范大学出版社，2012.

［38］孙德忠．社会记忆论．武汉：湖北人民出版社，2006.

［39］覃辉银．革命历史文化与思想政治教育．广州：华南理工大学出版社，2018.

［40］韩延明．红色文化与社会主义核心价值体系建设研究．北京：人民出版社，2013.

［41］孙秀民．中国革命精神及其当代价值研究．北京：北京师范大学出版社，2013.

［42］佘双好．当代社会思潮对高校师生的影响及对策研究．北京：中央编译出版社，2012.

［43］艾四林，王明初．社会主义主流意识形态与当今中国社会思潮．北京：人民出版社，2014.

［44］汪早容．依托优良家风践行社会主义核心价值观研究．武汉：

武汉大学出版社，2022.

[45] 张楠．新时代中国共产党人家风建设研究．长春：吉林大学出版社，2022.

[46] 范英，董玉整．刘小敏．中国家风文化论略．广州：广东高等教育出版社，2019.

[47] 王海洲．政治仪式：权力生产和再生产的政治文化分析．南京：江苏人民出版社，2016.

[48] 毕洪东．优秀家风家训与大学生理想信念教育．杭州：浙江工商大学出版社，2022.

[49] 王霄冰．仪式与信仰：当代文化人类学新视野．北京：民族出版社，2008.

[50] 陈金龙．中国共产党纪念活动史．北京：社会科学文献出版社，2017.

[51] 郭于华．仪式与社会变迁．北京：社会科学文献出版社，2000.

[52] 赵毅衡．符号学原理与推演．南京：南京大学出版社，2011.

[53] 丁尔苏．符号与意义．南京：南京大学出版社，2012.

[54] 林德全．教育叙事价值研究．开封：河南大学出版社，2009.

[55] 杨婷．榜样教育研究．北京：中国社会科学出版社，2015.

[56] 林崇德．学习与发展：中小学生心理能力发展与培养．北京：北京师范大学出版社，2003.

[57] 曾天山．教材论．南昌：江西教育出版社，1997.

[58] 施良方．学习论．北京：人民教育出版社，2001.

[59] 钟启蒙，崔允漷，张华 . 为了中华民族的复兴 为了每位学生的发展：《基础教育课程改革纲要（试行）》解读 . 上海：华东师范大学出版社，2001.

[60] 中华人民共和国教育部 . 义务教育课程方案（2022 年版）. 北京：北京师范大学出版社，2022.

[61] 中华人民共和国教育部 . 义务教育道德与法治课程标准（2022 年版）. 北京：北京师范大学出版社，2022.

[62] 中华人民共和国教育部 . 义务教育语文课程标准（2022 年版）. 北京：北京师范大学出版社，2022.

[63] 中华人民共和国教育部 . 义务教育历史课程标准（2022 年版）. 北京：北京师范大学出版社，2022.

[64] 林火旺 . 正义与公民 . 长春：吉林出版集团有限责任公司，2008.

[65] 顾明远 . 教育大辞典 . 上海：上海教育出版社，1999.

[66]《历史教学问题》编辑部 . 历史与公共记忆：历史学者访谈录 . 北京：人民出版社，2022.

[67] 符得团，马建欣 . 古代家训培育个体品德探微：以《颜氏家训》为例 . 北京：中国社会科学出版社，2012.

[68] 郑自立 . 革命文化涵养社会主义核心价值观研究 . 北京：中国社会科学出版社，2019.

[69] 王奇生 . 革命与反革命：社会文化视野下的民国政治 . 北京：社会科学文献出版社，2010.

［70］赵东玉．中华传统节庆文化研究．北京：人民出版社，2002．

［71］汪晖，陈燕谷．文化与公共性．北京：生活·读书·新知三联书店，2005．

［72］沙莲香．现代社会学：基本内容及评析：上．北京：中国人民大学出版社，1991．

［73］王新婷．中国传统文化概论．北京：中国农业大学出版社，2011．

［74］柏拉图．柏拉图全集：第3卷．北京：人民出版社，2003．

［75］亚里士多德．政治学．北京：商务印书馆，2006．

［76］黑格尔．精神现象学．北京：商务印书馆，1979．

［77］国家研究理事会．美国国家科学教育标准．北京：科学技术文献出版社，1999．

［78］韦伯．学术与政治：韦伯的两篇演说．北京：生活·读书·新知三联书店，2013．

［79］鲍德里亚．消费社会．南京：南京大学出版社，2014．

［80］唐纳顿．社会如何记忆．上海：上海人民出版社，2000．

［81］诺拉．记忆之场：法国国民意识的文化社会史．南京：南京大学出版社，2017．

［82］利科．记忆，历史，遗忘．上海：华东师范大学出版社，2018．

［83］麦德维杰夫．苏联的最后一年．北京：社会科学文献出版社，2009．

［84］怀特．形式的内容：叙事话语与历史再现．北京：文津出版

社，2005.

　　[85] 霍布斯鲍姆，兰杰．传统的发明．南京：译林出版社，2004.

　　[86] 霍布斯鲍姆．民族与民族主义．上海：上海世纪出版集团，
2006.

　　[87] 卡西尔．人论．上海：上海译文出版社，2003.

　　[88] 哈维兰．文化人类学（第 10 版）．上海：上海社会科学院出
版社，2006.

　　[89] 亨廷顿．我们是谁：美国国家特性面临的挑战．北京：新华
出版社，2005.

　　[90] 郝大维，安乐哲．先贤的民主：杜威、孔子与中国民主之希
望．南京：江苏人民出版社，2004.

　　[91] 费正清．伟大的中国革命（1800—1985）．北京：世界知识出
版社，2000.

　　[92] 石约翰．中国革命的历史透视．北京：中国人民大学出版
社，2011.

　　[93] 亨廷顿．文明的冲突与世界秩序的重建．北京：新华出版
社，1999.

　　[94] 泰勒．现代性之隐忧．北京：中央编译出版社，2001.

　　[95] 泰勒．自我的根源：现代认同的形成．南京：译林出版
社，2001.

　　[96] 吉登斯．现代性与自我认同．北京：生活·读书·新知三联
书店，1998.

[97] 吉登斯．现代性的后果．南京：译林出版社，2000.

[98] 鲍曼．后现代性及其缺憾．上海：学林出版社，2002.

[99] 道格拉斯．洁净与危险．北京：商务印书馆，2017.

[100] 韦尔施．重构美学．上海：上海译文出版社，2002.

[101] 卡斯特．认同的力量．北京：社会科学文献出版社，2006.

[102] 安德森．想象的共同体：民族主义的起源与散布．上海：上海人民出版社，2005.

[103] 奈．硬权力与软权力．北京：北京大学出版社，2005.

[104] 涂尔干．宗教生活的基本形式．上海：上海人民出版社，1999.

[105] 特纳．象征之林：恩登布人仪式散论．北京：商务印书馆，2006.

[106] 科泽．仪式、政治与权力．南京：江苏人民出版社，2014.

[107] 柯林斯．互动仪式链．北京：商务印书馆，2009.

[108] 索绪尔．普通语言学教程．北京：商务印书馆，2009.

[109] 麦金泰尔．德性之后．北京：中国社会科学出版社，1995.

[110] 巴尔．叙述学：叙事理论导论．北京：北京师范大学出版社，2015.

[111] 埃里克森．同一性：青少年与危机．杭州：浙江教育出版社，1998.

[112] 科尔伯格．道德发展心理学：道德阶段的本质与确证．上海：华东师范大学出版社，2004.

[113] 阿普尔，史密斯．教科书政治学．上海：华东师范大学出版

社，2005.

[114] 史蒂文森．文化与公民身份．长春：吉林出版集团有限责任公司，2007.

[115] 费瑟斯通．消解文化：全球化、后现代主义与认同．北京：北京大学出版社，2009.

[116] 拉伦．意识形态与文化身份：现代性和第三世界的在场．上海：上海教育出版社，2005.

[117] 弗里德曼．文化认同与全球性过程．北京：商务印书馆，2003.

[118] 托夫勒．第三次浪潮．北京：生活·读书·新知三联书店，1983.

[119] 科恩．自我论：个人与个人自我意识．北京：生活·读书·新知三联书店，1986.

[120] 联合国教科文组织，世界文化与发展委员会．文化多样性与人类全面发展：世界文化与发展委员会报告．广州：广东人民出版社，2006.

[121] 萨义德．文化与帝国主义．北京：生活·读书·新知三联书店，2016.

[122] 诺内特，塞尔兹尼克．转变中的法律与社会：迈向回应型法．北京：中国政法大学出版社，2004.

[123] 夸克．合法性与政治．北京：中央编译出版社，2002.

[124] 洛克．人类理解论：下．北京：商务印书馆，1959.

[125] 埃尔弗森．后现代主义与社会研究．上海：上海人民出版

社，2011.

［126］Gellner E. Conditions of Liberty：Civil Society and Its Rivals. New York：Allen Lane/Penguin Press，1994.

［127］Dworkin R. A Matter of Principle. Cambridge：Harvard University Press，2009.

［128］Hall S，Held D，McGrew T（ed）. Modernity and its Futures. Cambridge：Polity Press，1992.

［129］Thompson J. The Media and Modernity. Cambridge：Polity，1995.

［130］Macpherson. The Political Theory of Possessive Individualism：Hobbes to Locke. Oxford：Oxford University Press，2011.

［131］Wodak R. The Discursive Construction of National Identity. Edinburgh：Edinburgh University Press，2009.

二、论文类

［1］习近平．在全国党校工作会议上的讲话．求是，2016（9）.

［2］习近平．思政课是落实立德树人根本任务的关键课程．求是，2020（17）.

［3］何显明．意识形态的合法性诠释功能及其限制．现代哲学，2006（1）.

［4］贺来．"道德共识"与现代社会的命运．哲学研究，2001（5）.

［5］陈来．价值·权威·传统与中国哲学．哲学研究，1989（10）.

［6］王蒙．躲避崇高．读书，1993（1）.

［7］曹永国，母小勇．什么是教师？：一个始源上的疏证．教师教育研究，2012（2）．

［8］陈殿林．论社会主义核心价值体系的自洽性．长江论坛，2007（3）．

［9］张军，刘艳红．教材语篇的文化内涵：一项基于语料库的《大学思辨英语教程》研究．中国外语，2022（1）．

［10］程群．宏大叙事的缺失与复归：当代美国史学的曲折反映．史学理论研究，2005（1）．

［11］曾钊新．论家风．社会科学辑刊，1986（6）．

［12］王泽应．中华家风的核心是塑造、培育与树立正确的价值观．上海师范大学学报（哲学社会科学版），2015（4）．

［13］栾淳钰，王勤瑶．家庭·家教·家风关系及启示论．贵州社会科学，2016（6）．

［14］田旭明．习近平关于家国情怀重要论述的精髓要义．马克思主义研究，2020（12）．

［15］张琳，陈延斌．传承优秀家风：涵育社会主义核心价值观的有效路径．探索，2016（1）．

［16］安乐哲，陈霞，刘燕，等．古典中国哲学中身体的意义．世界哲学，2006（5）．

［17］吴玉军．思想政治教育中的价值认同问题．马克思主义与现实，2016（2）．

［18］费孝通．文化自觉 和而不同：在"二十一世纪人类的生存与

发展国际人类学学术研讨会"上的演讲 . 民俗研究，2000（3）.

[19] 李康平 . 中国革命文化基本理论问题研究 . 马克思主义研究，2015（7）.

[20] 李鸿凯 . 论革命文化与社会主义核心价值观的同质互构 . 中学政治教学参考，2021（16）.

[21] 田旭明 . 革命文化：涵育社会主义核心价值观不可或缺的重要载体 . 思想理论教育导刊，2018（8）.

[22] 蒋艳 . 社会主义先进文化与社会主义核心价值观的共同属性论 . 思想教育研究，2019（1）.

[23] 艾斐 . 用先进文化厚植和涵养社会主义核心价值观 . 红旗文稿，2018（18）.

[24] 黄煌华 . 红色记忆的赓续逻辑：唤起、建构与刻写 . 思想理论教育，2022（4）.

[25] 王琪 . 家风传承对培育社会主义核心价值观的意义 . 中学政治教学参考，2022（34）.

[26] 刘先春，柳宝军 . 家训家风：培育和涵养社会主义核心价值观的道德根基与有效载体 . 思想教育研究，2016（1）.

[27] 白海燕 . 中国好家风与社会主义核心价值观的关联机制研究 . 思想政治教育研究，2016（5）.

[28] 崔新建 . 文化认同及其根源 . 北京师范大学学报（社会科学版），2014（4）.

[29] 赵汀阳 . 认同与文化自身认同 . 哲学研究，2003（7）.

［30］唐爱军．论新时代意识形态安全．马克思主义研究，2022（6）.

［31］王海洲．政治仪式外部环境的分层解析：文化、政制与事件．湖南师范大学社会科学学报，2012（6）.

［32］彭兆荣．人类学仪式研究评述．民族研究，2002（2）.

［33］乔凯，朱平．国家纪念仪式促进政治认同的逻辑与路径：以国家公祭仪式为例，2020（10）.

［34］曾楠，闫晓倩．国家认同建构的象征性资源探究：以政治仪式为视角．青海民族研究，2020（4）.

［35］田旭明．发挥国家纪念仪式在涵育核心价值观中的载体功能．中国特色社会主义研究，2017（1）.

［36］李淑娟，徐志远．革命文化网络传播的价值、困境及对策．学校党建与思想教育，2021（16）.

［37］孙冲亚，高福进．革命文化认同的逻辑、挑战及其推进路径．毛泽东邓小平理论研究，2020（2）.

［38］吴娜．纪念仪式与社会主义核心价值观认同：以江西公安英烈纪念墙为考察场域．江西社会科学，2019（12）.

［39］张智，马琳．仪式礼仪：新时代爱国主义教育的重要载体．思想教育研究，2019（4）.

［40］潘丽文．青年政治认同建构的红色记忆路径．思想理论教育，2018（10）.

［41］孙燕青．文化自觉与文化自信视野下的传统文化定位．哲学动态，2012（8）.

[42] 杨生平，谢玉亮．全球化时代的文化身份与中国文化主体性建构．马克思主义与现实，2015（2）．

[43] 曹海峰．全球化视阈下的文化博弈、认同危机与文化创新．中州学刊，2014（5）．

[44] 胡玉荣．价值观维度下的国家文化安全．宁夏大学学报（人文社会科学版），2016（1）．

[45] 任剑涛．仪式政治的古今之变．探索与争鸣，2018（2）．

[46] 田慧生．新时代教材建设的若干思考．课程·教材·教法，2019（9）．

[47] 韩震．新编普通高中思想政治教材的理念与特点．课程·教材·教法，2020（1）．

[48] 郭戈．我国统编教材的历史沿革和基本经验．课程·教材·教法，2019（5）．

[49] 杜时忠，曹树真．社会主义核心价值观"进教材"的教育学探索．教育研究，2015（9）．

[50] 张珊珊，王晓丽．社会主义核心价值观进中小学教材的现实意义和实践路径．教育研究，2017（8）．

[51] 王晓丽，张莉．我国中小学教材编写的问题审视及优化策略．教学与管理，2019（25）．

[52] 霍布斯鲍姆．认同政治与左翼．马克思主义与现实，1999（2）．

[53] 尼基福罗夫．历史记忆：意识的建构．国外理论动态，2017（12）．

［54］Weeks J. "The Value of Difference"//Rutherford J（ed）. Identity：Community，Culture，Difference. Lawrence & Wishart，1990.

［55］Huntington S P. "The Erosion of American National Interest"//Wittkopf E R and McCormick J M（ed）. The Domestic Sources of American Foreign Policy. Rowman & Littlefield Publishers，1999.

［56］Apple M W. Culture，Identity，and Power. Educational Policy，2020，34（3）.

［57］Huntington S P. The Clash of Civilization Revisited. New Perspective Quarterity，2013，30（4）.

［58］Samueison R. Globalization：Advantages and Disadvantages. International Herald Tribune，January 4，2000.

三、报纸文章类

［1］习近平.在纪念红军长征胜利 80 周年大会上的讲话.人民日报，2016 - 10 - 22（2）.

［2］习近平.在北京大学师生座谈会上的讲话.人民日报，2018 - 05 - 03（2）.

［3］习近平.在纪念孔子诞辰 2565 周年国际学术研讨会暨国际儒学联合会第五届会员大会开幕会上的讲话.人民日报，2014 - 09 - 25（2）.

［4］习近平.在 2015 年春节团拜会上的讲话.人民日报，2015 - 02 - 18（2）.

［5］习近平.把培育和弘扬社会主义核心价值观作为凝魂聚气强基

固本的基础工程．人民日报，2014 - 02 - 26（1）．

［6］习近平．在文艺工作座谈会上的讲话．人民日报，2014 - 10 - 15（4）．

［7］习近平．在网络安全和信息化工作座谈会上的讲话．人民日报，2016 - 04 - 26（2）．

［8］中共中央关于深化文化体制改革 推动社会主义文化大发展大繁荣若干重大问题的决定．中国青年报，2011 - 10 - 26（1）．

［9］中共中央关于坚持和完善中国特色社会主义制度 推进国家治理体系和治理能力现代化若干重大问题的决定．人民日报，2019 - 11 - 06（1）．

［10］郑富芝．尺寸教材、悠悠国事：全面落实教材建设国家事权．光明日报，2020 - 01 - 21（13）．

［11］米博华，王梓．国家事权视域下的教材建设．光明日报，2021 - 11 - 19（11）．

［12］李斌，李涛．党面临的"赶考"远未结束：习近平总书记再访西柏坡侧记．人民日报，2013 - 07 - 14（4）．

［13］罗国杰．论家风．光明日报，1999 - 05 - 21（5）．

［14］张烁，谢环驰．习近平主持召开学校思想政治理论课教师座谈会强调用新时代中国特色社会主义思想铸魂育人 贯彻党的教育方针落实立德树人根本任务．人民日报，2019 - 03 - 19（1）．

后　记

　　人无精神不立，国无精神不强。只有在精神上站得住、站得稳，一个民族才能在历史洪流中屹立不倒，挺立潮头。中华民族之所以伟大，就是因为在任何困难和风险面前从来不放弃不退缩不止步，百折不挠，为自己的前途命运而奋斗。价值观是文化的灵魂，是影响人们思想取向和行为选择的决定性因素。价值观的功能和作用，是任何法律和制度所达不到的。人类社会发展的历史表明，对一个民族、一个国家来说，最持久、最深层的力量是全社会共同认可的核心价值观。核心价值观，承载着一个民族、一个国家的精神追求，体现着一个社会评判是非曲直的价值标准。

　　认同是个体行动意义的重要来源，它为个体的价值判断和价值选择提供了基本参照，决定着其行动的方向和力量。情感、态度和价值观的养成是教育的重要目标，引导人们认同和支持社会期望的价值理念，是教育的基本任务。如何通过行之有效的方式，引导人们特别是价值观可塑性最强的青少年发自内心、心悦诚服地接受和认可社会主义核心价值观，使之内化于心、外化于行，是我们必须面对并且迫切需要解决的课题。正是基于这一考虑，我们开展了《强国有我：社会主义核心价值观与青少年价值认同研究》一书的撰写工作。本书着眼于青少年社会主义核心价值观的培育和践行所面临的挑战，从与青少年密切相关同时又是实践领域高度关注的内容，如课程教材建设、优良家风创建、文明礼仪践行、中华优秀传统文化教育、革命文化教育、社会主义先进文化教育等，对如何增进青少年社会主义核心价值观认同作了阐发。

本书是合作的成果，全书写作分工如下：北京师范大学哲学学院吴玉军拟定提纲并撰写第一章、第二章以及结语，北京外国语大学张文超撰写第三章，西北师范大学马克思主义学院马乔恩撰写第四章，中国科学院大学马克思主义学院和谐撰写第五章，北京交通大学马克思主义学院刘娟娟撰写第六章第一节、第二节，中国科学技术大学马克思主义学院赵琼撰写第六章第三节、第四节。中共安徽省委党校（安徽行政学院）魏立诚对全书的注释进行了技术性处理。中国人民大学出版社编辑徐小玲女士、杨松超先生对本书的写作和修改给予了大力帮助，在此表示感谢。

受于笔者学养所限，加之时间仓促，书中肯定有很多不足甚至错误之处，恳请读者批评指正。

吴玉军

2023 年 7 月 16 日

于北京师范大学哲学学院